CLAIRE HENNIG
SO LEBTEN DIE ALTEN PUPPEN

CLAIRE HENNIG

So lebten die alten Puppen

MIT FOTOGRAFIEN
VON HORST WACKERBARTH
UND MARGIE LANDOLT

SCHULER

Alle in diesem Buch gezeigten Objekte
sind in der Sammlung Claire Hennig, Basel,
aufgenommen worden.

Fotografie: Horst Wackerbarth
(alle Fotos, soweit sie nicht
unter Margie Landolt aufgeführt sind)
Fotografie/Assistenz und Styling:
Margie Landolt
(Fotos auf den Seiten: 23 rechts, 51, 52,
87 unten, 88/9, 93 oben, 94 unten, 126,
127, 128, 129)
Textbearbeitung: Kristiane Müller
Redaktion: Heide Kobert
Layout, Ausstattung und Umschlagentwurf:
Manfred Walch

Lizenzausgabe 1990 für
Schuler Verlag GmbH, Herrsching

Lizenzausgabe mit Genehmigung der S. Fischer Verlag GmbH,
Frankfurt/M.

Printed in Jugoslavia
ISBN 3-7796-5285-4

Für John Hennig, meinen
Lebensgefährten, der den Aufbau
dieser Sammlung und die Abfassung
dieses Buches mit Ermutigung,
Geduld und Rat begleitete.

Sammler sind glückliche Menschen; sie haben ihre eigene Welt voller Wunderdinge. Dieses Glücksgefühl kann sich auch auf den neidlosen Betrachter übertragen, ja er kann beim Betrachten einer Sammlung ganz davon in den Bann gezogen werden. Die Sammlung von Frau Claire Hennig wurde in fast dreißig Jahren zusammengetragen. In dieser Welt des Kleinen und Verspielten spiegelt sich ein Teil des Lebensschicksals der Sammlerin. Sie erzählt uns selber davon in der Einleitung. Eine kleine heile Welt hat ihr Leben begleitet, und waches Interesse, gepaart mit liebevollem Einfühlungsvermögen, hat das geschaffen, was in diesem Buche in Auswahl vorgestellt wird. Die Unbekümmertheit, mit der diese kleinen Dinge gesammelt wurden, ist erfrischend. Mit den Jahren eifriger Sammeltätigkeit kam noch eine große Sachkenntnis dazu. Glücklicherweise blieb der Sammlung das Spielerische erhalten, nur so konnte die dem Leben abgelauschte Lebendigkeit in die Puppenstuben und -häuser einziehen, die der Sammlung jenen unverwechselbaren Charme verleiht. Spielzeug und Puppensammlungen können sehr perfekt sein, oft werden sie von wissenschaftlicher Pedanterie fast erdrückt. Museen z.B. haben sich nach Richtlinien und wissenschaftlichen Kriterien zu richten. Wie viel freier und damit auch glücklicher ist da der Privatsammler! Frau Claire Hennig hat mit schöpferischer Intuition an ihren Schätzen gearbeitet. Der Leser wird auf den Farbtafeln mit dieser Wunderwelt konfrontiert. Das seriöse Wissen, das sich die Sammlerin in vielen Jahren angeeignet hat, bereichert den Text und schließlich bringt die Bibliographie viele Titel, besonders aus dem englischen Sprachbereich, die zusätzliche wünschenswerte Auskünfte geben können. So wünsche ich dem Leser und Betrachter der Tafeln viel Freude am Buch mit einem beherzigenswerten Zitat von Schiller: »Der Mensch spielt nur, wo er in voller Bedeutung Mensch ist, und er ist nur da ganz Mensch, wo er spielt.«

Werner-Konrad Jaggi
Schweizer Landesmuseum Zürich

In diesem Buch werden nur Gegenstände aus meiner Sammlung gezeigt. »Wie kommt man eigentlich zu so einer umfangreichen Puppensammlung?« Diese Frage wird mir natürlich oft von meinen Besuchern gestellt. Genau wie bei vielen anderen Sammlern auch bedurfte es bei mir nur eines kleinen Anstoßes, um aus den ersten wenigen Stücken eine ganze Sammlung entstehen zu lassen. L.H. Hertz nannte es: »A personal trigger point – ein ganz bestimmter Moment, in dem aus einem Enthusiasten ein Sammler wird.«

Vor dreißig Jahren lebte ich mit meiner Familie in Dublin; hier erhielt meine kleine Tochter von ihrer Lehrerin ein unerwartetes Geschenk: eine Puppenstuben-Möbelgarnitur, gehäkelt und durch Leim versteift. Ob die Lehrerin geahnt hatte, welche Freude unserer Tochter aus dieser Gabe erwachsen würde?

Zunächst ergänzten wir diese Möbelchen mit passenden Figuren: Eine Mutter, Kinder und Großeltern wurden angeschafft. Eines Tages fuhren wir aus unserem Vorort mit dem Bus in die Stadt. Da ertönte das laut klagende Stimmchen unserer Tochter: »Mammi, du hast mir doch schon so lange einen Vater versprochen. Werde ich ihn heute bekommen?« Der »Vater« wurde noch an diesem Tag erstanden.

Mein Mann und ich erkannten bald, daß sich durch diese kleinen Dinge für unsere drei Töchter eine neue Welt aufgetan hatte. Ihre Phantasie wurde angeregt Neues zu entdecken, unseren Wohnraum auszuweiten. Sie lernten diese kleinen zerbrechlichen Gegenstände zu respektieren und zu pflegen.

In mir jedoch erwachten Erinnerungen an mein Kunstgeschichtsstudium. In Freiburg hatte ich durch Professor Hans Jantzen Verständnis gewonnen für die Miniatur, das Dekorative und die Farbgebung. Professor Willem Vogelsang aus Utrecht bewirkte durch seine Vorlesungen und sein Buch über die holländischen Puppen-Patrizierhäuser, mich mit diesem Thema zu befassen.

Unsere Sammlung wuchs schnell; bald mußte ihr überall, selbst im Bücherschrank, Platz zugestanden werden. Wir wetteiferten als Innenarchitekten im Ausgestalten der Puppenzimmer, und so lernten meine Kinder im Spiel und lebten mit mir in äußerlich beschränkten, aber durch die Phantasie beliebig ausdehnbaren Räumen. Unsere große Welt spiegelte sich im Kleinen wider; wir konnten alles bewegen und verändern und Getrenntes, eigentlich Zusammengehörendes, wieder zusammenfügen.

Heute, da sich dieses Interesse bereits auf meine Enkelgeneration vererbt hat, werde ich mir bewußt, warum ich gerade diese Gegenstände gesammelt und gepflegt habe: In der Fachliteratur fand ich z.B., daß bereits im 17. Jahrhundert Puppenhäuser u.a. dazu dienten, den jungen Mädchen ihren künftigen Lebensbereich »spielend« nahe zu bringen.

Das Anwachsen meiner Sammlung entsprach der Entwicklung meines Lebens. Anfangs wurde alles irgendwie Geeignete herbeigeschafft und verwertet, wobei die Unterscheidung zwischen »Kitsch« oder »Kunst« keine Rolle spielte. Das wichtigste war die Ausdehnung unserer Puppenwelt. Nichts war vor unserer Zerstörung sicher. Wir betrieben, wie englische Sammlerinnen dies nennen, einen regelrechten »Kannibalismus«. Benötigte der Puppentisch eine Tischdecke, so wurde rücksichtslos ein kostbares Halstuch zerschnitten, zumal wenn es in der Farbe geeignet war und obendrein auch noch Fransen hatte. Oder ein wertvolles Armband wurde von uns zerlegt, weil wir ein Glied davon als Fuß für eine Puppenlampe oder als Bein für einen Tisch dringend brauchten. Mit der Zeit aber wählten wir die Accessoires sorgfältiger, griffen auch weniger spontan nach allem Erreichbaren.

Das Alter beginnt, wenn die Kraft nachläßt, Läden, Bazare und Flohmärkte zu durchforsten. Auch erkannte ich, daß ich nicht der einzige Sammler war, sondern mein Hobby eine lange Tradition hat. Denn »Miniaturisten« hat es zu allen Zeiten gegeben.

Es scheint ein tiefes Bedürfnis des Menschen zu sein, sowohl sich selbst, als auch seine Umwelt im Kleinformat darzustellen, diesen Gestaltungen immer wieder andere Bedeutungen zuzumessen, seien sie nun symbolischer, religiöser, pädagogischer oder rein dekorativer Natur.

Heute, da die Phase des Aufstöberns, Auswählens, Kaufens vorüber ist, komme ich intensiver dazu, über meine Schätze nachzudenken und meine Kenntnisse durch Lesen von Fachliteratur zu erweitern. Dadurch bin ich jetzt in der Lage, meine kleinen Kunstwerke besser datieren und deren Herkunft genauer bestimmen zu können.

Bevor ich über diese mühevolle Kleinarbeit spreche, möchte ich auf die eingangs erwähnte Frage eingehen, wie eine solche Sammlung zustande kommen kann. Neben dem Durchforschen der hierauf spezialisierten Läden ist es manchmal auch erfolgreich, Inserate aufzugeben oder solche zu beantworten. Allerdings kann es dabei zu lustigen Mißverständnissen kommen. So wurde ich während eines Ferienaufenthalts auf Malta wieder einmal von meinem Jagdfieber befallen und ließ in die dortige Zeitung eine Anzeige einsetzen: »Altes Spielzeug gesucht.« An den folgenden Tagen klingelte das Telephon ununterbrochen, und körbeweise wurde mir zerbrochenes Spielzeug ins Hotel gebracht. Es bestand überwiegend aus billigen Plastikartikeln, eingedrückten Puppenköpfen, Stühlen ohne Beine, Geschirr ohne Henkel und Wägelchen ohne Räder. Die Anbietenden waren offenbar des Glaubens, Schätze von bisher unerkanntem Wert zu besitzen, und die Enttäuschung war auf beiden Seiten groß.

Als ich ein anderes Mal in der Schweiz inseriert hatte, kam ein kurzer Brief: »Sie suchen eine Puppe, ich habe eine solche.« Auf meine Bitte um detaillierte Beschreibung erfolgte die Antwort: »Sie möchten Näheres wissen, sie heißt Käthe.«

Ein weiteres Mal beantwortete ein Herr mein Inserat: »Ich hätte unter Umständen ein Puppenbettchen abzugeben, ohne Boden und Matratze, gebe es aber nur in zuverlässige Hände.«

Manchmal konnte ich auch mit anderen Sammlern tauschen, wenn ich etwa Silber, alte Uhren, Glas oder hübsche Dosen anzubieten hatte.

Auf diese Weise gelang es mir z.B., ein für den anderen wertloses Einzelstück, das ich gern als Pendant haben wollte, einzutauschen; so war beiden Seiten gedient. Ich besaß schon seit längerer Zeit eine zwei Zentimeter hohe Goethebüste aus Biskuitporzellan und fand bei einer anderen Sammlerin die zugehörige Schillerbüste. Sie trennte sich leichten Herzens von »Schiller« für eine entsprechende Ergänzung ihrer Sammlung.

Eine Unterscheidung zwischen Nippes, Vitrinenstücken (im Englischen »conversation pieces« genannt), Souvenirartikeln und Spielzeug ist unmöglich. Daher habe ich es auch nicht verschmäht, in meine Sammlung diese Dinge mit einzubeziehen, zum Beispiel Anhängsel an Schlüsselbunden. Miniaturgegenstände dieser Art wurden seit langer Zeit zum Amüsement der Erwachsenen hergestellt, im 17. Jahrhundert zum Beispiel aus so kostbaren Materialien wie Gold, Silber oder Elfenbein.

Wer allerdings heute beginnen möchte, eine Sammlung aufzubauen, der wird große Schwierigkeiten haben, wirklich alte Stücke zu finden. Ein ganzer Industriezweig ist entstanden, diesem Mangel abzuhelfen, und heute erreichen diese Nachbildungen oder »nachempfundenen Kopien« bereits Höchstpreise. Besonders begehrenswert sind u.a. auch alte Papiere zum Bekleben der Puppenstubenwände und Puppenstubenböden, da man heute oft nur neu gedruckte »Tapeten« mit kleinen Mustern, gemalten Parkettböden, Ziegelsteinen oder Schieferschindeln findet. Heutzutage werden ganze Puppenstuben im alten Stil nachgebaut; sie finden Absatz zu Tausenden. Berühmt sind die hervorragend nachgebildeten Stuben von Mrs. Thorne aus den USA. Vivian Greene, Besitzerin herrlicher alter Puppenhäuser, nennt diese Nachahmungen die »Antiquitäten von morgen« und stellt sie – allerdings gesondert – in ihrem eigenen Museum aus. Selbst in den berühmtesten Puppenhäusern der Welt findet man alt neben neu und Wertvolles neben Kitsch.

Das berühmte »Castle« der Schauspielerin Colleen Moore in den USA enthält neben überaus wertvollen Stücken auch billige Miniaturen. Solche Schlösser heute nachzubauen, ist ein beliebtes Hobby in Amerika, und es gibt sogar einen *Castle-builders-club*. In jedem noch so kleinen Ort findet man Puppenklubs (doll clubs), deren Mitglieder sich regelmäßig treffen und ihre Erfahrungen und ihr Wissen austauschen. Diese Sammler freuen sich über jede Miniatur, die sie ihren Puppenstuben hinzufügen können, ob sie nun alt ist oder neu.

Eine berühmte Sehenswürdigkeit ist das *Doll's House of Queen Mary*, zu sehen im Windsor Castle, das die englische Nation etwa 1922 dieser Königin schenkte. Es wurde nicht nur von dem bedeutendsten englischen Architekten seiner Zeit gebaut, sondern alle damals lebenden Künstler beteiligten sich daran. So enthält zum Beispiel allein die Puppenbibliothek 2000 der wertvollsten Miniaturbände, darunter etwa 50 Bände Noten, photographisch verkleinert und von den Komponisten signiert. Diese Bücher sind etwa drei Zentimeter hoch.

Die Nostalgiewelle unserer Zeit hat auch dazu geführt, daß die Menschen eine andere Einstellung zum »Nicht-mehr-Brauchbaren« haben. Mir hat es immer besonders viel Freude gemacht, Stücke, die als hoffnungslos zerstört anzusehen waren, in geduldiger Kleinarbeit wieder herzustellen. Dazu muß man allerdings Freude am Basteln haben, vor allem am Kleben und Malen, am Löten und Schreinern. Hinzu kommt der nie aufhörende Kampf gegen Motten und die schädlichen Einwirkungen von Wärme, Licht und Trockenheit. Oft schon mußte ich den Rat von Fachleuten einholen. Bereits beim Kauf ist der Sammler weitgehend auf zuverlässige Beratung angewiesen. Denn allzu leicht erliegt er auch nach vieljähriger Erfahrung einer Fälschung, vor allem bei den berühmtesten Puppensorten, wie z.B. der Marke Bru, die ohne Hemmung auch bei neuen Puppen wieder angebracht wird.

Hie und da gibt es aber auch noch »unschuldige« Verkäufer, die den Wert ihrer Ware selber gar nicht einschätzen können. So flüsterte mir kürzlich ein Ladenbesitzer, nachdem ich ein kleines Püppchen bei ihm erstanden hatte, zu: »Für den Preis hätten Sie aber auch eine große haben können« – nicht ahnend, daß gerade die kleinen so begehrenswert sind.

Über die Fachliteratur könnte man heute bereits eine eigene Geschichte schreiben. Es wäre interessant aufzuspüren, wo und wann das Interesse an der Geschichte des Spielzeugs begann. Es gibt Bücher, die in alphabetischer Folge die Herstellerfirmen anführen; andere beschreiben Stile und Entwicklungen. Dazu kommen Bücher, die sich speziell mit Textilien, Porzellan, Wachs, Komposition, Glas, Zinn usw. befassen sowie zahlreiche Werke, wie man Spielzeug selbst herstellen kann. Unübersehbar sind die Beiträge in illustrierten Zeitschriften in aller Welt. Die Forschung fußt heute noch auf den Arbeiten weniger. Genannt seien hier die Franzosen Henry D'Allemagne, Léo Claretie, Claude Sézan sowie der Deutsche Karl Gröber, der D'Allemagne als den »Altmeister der Spielzeugforschung« bezeichnet hat. Sie alle hatten Gelegenheit, an Museen zu arbeiten, die große Sammlungen beherbergen.

Später beschäftigten sich die fleißigen und wißbegierigen Engländerinnen und Amerikanerinnen mit diesem Thema. Sie legten nicht nur bedeutende Privatsammlungen an, sondern bemühen sich auch um die wissenschaftliche Forschung. So gehört zum Beispiel das einzige Museum in Europa, das nur Puppenhäuser enthält, Vivian Greene in Oxford.

Die einzige Dissertation über Puppenhäuser wurde von Lydia Bayer, heute Direktorin des Nürnberger Spielzeugmuseums, verfaßt. In der Bundesrepublik Deutschland gibt es gute Literatur und Ausstellungen von altem Spielzeug, meist hervorragend dokumentiert, so zum Beispiel in München von Charlotte Angeletti und im Frankfurter Raum von Gertrud Rosemann.

Daß ich im englischen Sprachbereich meine Sammlung aufzubauen begann, sehe ich als glücklichen Umstand an, denn gerade dort gibt es besonders erfahrene Sammlerinnen. Meine Kenntnisse und mein Interesse wurden durch den Kontakt mit den Mitgliedern des *Doll Club of Great Britain*, der auch die Fachzeitschrift »Plangon« (griechisch: Puppe) herausgibt, vertieft. Diesem jetzt seit 25 Jahren bestehenden Klub gehöre ich seit zehn Jahren an. Heute werden auch internationale Treffen veranstaltet, so etwa die *Doll Convention*, die 1975 in Wales stattfand.

Ein bedeutender Beitrag zum »Brükkenschlag«, wie sie es nennt, leistete Georgine Anka mit ihrer Zeitschrift »Puppen und Spielzeug«. Auf sie geht auch das erste deutsche Treffen in Tecklenburg im Jahre 1977 zurück.

Es ist besonders interessant, wenn Hersteller über ihre Firmen berichten, wie dies in »Puppen und Spielzeug« R. Wernicke (Koenig & Wernikke) und H. Junginger (Margarethe Steiff) taten. Über seine Kleinzinngießerei schrieb Bruno Schweizer aus Diessen/Ammersee schon 1930, als das Interesse an der Geschichte der einzelnen Firmen begann.

Nach dreißigjähriger Beschäftigung mit dem Thema Spielzeug ist es mir kaum noch möglich, allen denen, die mich dazu ermutigt und unterstützt haben, die verdiente Anerkennung zu zollen. Sehr vieles ist mir im persönlichen Gespräch klar geworden, vieles verdanke ich Fachleuten und der heute vorliegenden Fachliteratur. Aber

auch Besuche von Privatsammlungen (Hans-Peter His, Basel) sowie von Museen in vielen Ländern und Gespräche mit ihren Leitern (Lydia Bayer, Nürnberg) haben mir sehr geholfen.
In dem vorliegenden Buch, in dem ich nur meine eigene Sammlung vorstelle, war natürlich keine systematische Betrachtungsweise möglich. Hier kann ich nur auf die vorhandene Fachliteratur verweisen. Mein Anliegen war es in erster Linie, über den Reiz des Sammelns zu berichten. Vor allem hoffe ich, dem Leser und Betrachter dieses Buches etwas von der Freude zu vermitteln, die wir – der Fotograf, die Stilistin und ich – bei der Herstellung der Bilder empfunden haben. Wir haben gespielt und meine Spielsachen noch einmal aus ihren »eigenen Lebensbereichen« herausgenommen, neu und anders aufgestellt, ganz im Sinne des alten von W. Vogelsang zitierten holländischen Versleins (Übers. C. Hennig) auf dem Fähnchen eines Puppenhauses von 1740.

»Was man auf Erden auch erblickt,
Ist Puppengut und andres nicht.
Der Mensch, was er davon auch find't,
Er spielt damit gleich einem Kind.
Er hat es lieb nur kurze Zeit,
Danach er leichten Herzens scheid't.
So ist der Mensch denn, wie man find't,
Nicht zweimal, sondern allzeit Kind.«

Puppen, die Leben spielen

Die Puppe rief: Wollen wir jetzt Menschen spielen? ...
Da entstand eine allgemeine Bewegung, selbst die Bilder an der
Wand drehten sich um, um zu zeigen, daß auch sie
eine Kehrseite hatten, und dagegen ließ sich nichts sagen ...
das nannte man Menschen spielen ...

HANS CHRISTIAN ANDERSEN

DER
KINDERBRINGER
ODER
PUPPENVERKÄUFER

Um eine vollständige Bestandsaufnahme aller bekannter Fakten über die Geschichte der Puppen zu machen, müßte man so viel schreiben, wie die Encyclopedia Britannica enthält, es würde die Geschichte der ganzen Menschheit umfassen.

CLARA FAWCETT

DAS HOCHZEITSPAAR

DIE TAUFE

Selbst solche Menschen, denen Puppenhausmöbel nichts bedeuten, werden Rührung empfinden beim Anblick gebratenen Geflügels auf einem Miniaturteller. Denn wenn es um das Thema Essen geht, fühlen wir alle gleich. Das Puppenessen vereinigt den Charme der Kleinheit mit der Erinnerung an frohe Feste … ja, man muß hier das Wort Bankett gebrauchen, das so ganz aus dem Geist des 19. Jahrhunderts ist.

VIVIAN GREENE

DAS BANKETT

Puppen spiegeln das Zeitalter,
in welchem sie gemacht
wurden, mehr wider, als
irgendein anderer Gegenstand.
Sie zeigen das Schönheitsideal
ihrer Zeit und die Zeitmode
in ihren Gesichtern und den
Formen ihrer Körper.

JO ELIZABETH GERKEN

DIE LETZTEN ROSE.
IM SCHLOSSPARK

AUF DEM
DORFPLATZ

AM STRAND

Man kann sich schwerlich vorstellen, wieviel Erfindungsgeist zu allen Zeiten und bei allen Völkern angewandt wurde, um die Möglichkeiten zu variieren, sich zu zerstreuen und der Langeweile zu entgehen, die auf dem tiefen Grund unserer Natur liegen.

FRITZ HOEBER

AM BRUNNEN

Zweifellos ist, wer Spielzeug entwirft, ein Künstler, ein Schöpfer von besonderer Geistesart, dem aus seiner Kindheit ein Schimmer der Phantasie erhalten blieb, der den meisten von uns verlorengegangen ist.

ANTONIA FRASER

EIN FERIENTAG FÜR MARIONETTEN

**Allen philosophischen Freunden der Marionetten . . .
und welcher
Marionettenfreund wäre nicht Philosoph . . .?**

WALTER BENJAMIN

Literatur, Dichtung, Theater und die bildende Kunst haben oft vom Spielzeug wertvolle Anregungen erhalten.

LÉO CLARETIE

In einem gewissen Sinne spiegeln Puppen die moralische Einstellung sowie die militärischen Ambitionen einer bestimmten Epoche wider ... nur an der Oberfläche sind sie Spielzeug, aber in einem tieferen Sinne sind sie Repräsentanten ihrer Zeit.

JO ELIZABETH GERKEN

IM RITTERSAAL

IM WEINKELLER

Welche Freude für die Seele, die Elemente der Erde zu beherrschen, den Stempel ihrer edlen Einfälle dem Holz, dem Eisen, dem Stein aufzudrücken.

ROMAIN ROLLAND

Der Gegenstand des Spieltriebes ... wird also lebende Gestalt heißen können, ein Begriff, der allen ästhetischen Beschaffenheiten der Erscheinungen und, mit einem Worte, dem, was man in weitester Bedeutung Schönheit nennt, zur Bezeichnung dient.

F. SCHILLER

Bewegliches Spielzeug war von jeher die besondere Freude jedes Kindes, das aber nichts verlangte, was allzu kompliziert war. Wie wir wissen, hatten schon die alten Ägypter und Griechen bewegliches Spielzeug.

KARL GRÖBER

Das Bilderbogentheater ist von Anfang an eine bewußte Kopie des »großen« Menschentheaters gewesen. Deshalb hat sich in der Fachliteratur auch der Name Modelltheater eingebürgert, der charakteristischer ist, als der ebenfalls übliche Begriff Kindertheater ... Der Ursprung des Bilderbogentheaters ist in den Guckkasten-Dioramen zu suchen.

KARL EWALD FRITZSCH
UND MANFRED BACHMANN

An dieser Stelle möchte ich noch einmal darin erinnern, daß meine Familie und ich mit unserer Puppensammlung gespielt haben. Da ich einige sehr schöne Theaterkulissen besaß, war natürlich die Verlockung für uns groß, sie auch in unser Spiel einzubeziehen. Statt der ursprünglichen Theatergruppen aus Papier nahmen wir unsere Puppenstubenpüppchen und ließen unserer Phantasie freien Lauf.
Ich erwähne dies mit leicht schlechtem Gewissen, denn ich wurde von einigen Fachleuten gerügt, weil ich diese »schönen, interessanten Bilder« verstellt und dadurch ihre Bestimmung erschwert habe. Dennoch ist es mir mit viel freundlicher Hilfe gelungen, einige von ihnen zu identifizieren. Mein herzlicher Dank gilt Ulrike Eichler, München, Theodor Kohlmann, Berlin, und Christian Väterlein, Stuttgart, die mir den Weg zu weiteren Fachleuten wiesen.
Alle Bilder sind beschnitten und teilweise so verklebt, daß die Namen der Drucker kaum zu erkennen sind. Es handelt sich um Drucke aus verschiedenen Zeiten. Ich nenne hier nur einige wenige Bilder, die ich sicher zuordnen kann.
Die Stubendekoration von Bild S. 14 links oben wurde bei Winckelmann & Söhne, Berlin, unter Nr. 43 gedruckt. Das Raumgefühl entspricht der Nr. 244 bei Garde: Die Deckenlinien verjüngen sich, auch das Tischchen links im Bild mit der Blumenvase ist sehr ähnlich.
Auch die Hafendekoration von Bild S. 15 rechts unten druckte Winckelmann & Söhne (Nr. 25). Dieses Seestück geht wahrscheinlich auf ein älteres Vorbild zurück und mag als Hintergrund für die Oper »Die Stumme von Portici« entworfen worden sein. (Garde Nr. 151 ist sehr ähnlich.)

Die Winterlandschaft auf Bild S. 23 ist gedruckt bei J. Scholz, Mainz, unter Nr. D. 207. Sie stammt aus einer Serie kleineren Formats; andere Formatgrößen sind bekannt. Hier sehen wir wild zerklüftete Berge im Winter, eine baufällige Brücke über einer abgrundtiefen Bergschlucht und einen Gletscher. Dieser Stil, aufgekommen um 1822, war bis weit in das 19. Jahrhundert hinein beliebt (Garde Nr. 16).

DER KINDERBRINGER ODER PUPPENVERKÄUFER

Verkauft der optimistisch mit seinem Kopf nickende Mann kleine Puppen oder bringt er Kindersegen in die Stadt? Mein Kinder- oder Kindlibringer ist ganz aus Holz geschnitzt und 14 cm hoch. Für die feinere Modellierung wurde Gesso (Gips) verwendet.

Diese Figur ist deshalb sehr ungewöhnlich, weil sie zugleich Wackelfigur und Kindlibringer ist. H. R. D'Allemagne zeigt die Abbildung einer vergleichbaren Figur, die Puppen und Spielzeug trägt. Er nennt ihn *faiseur de poupées*, das ist jemand, der Puppen und Spielzeug herstellt, verkauft oder verschenkt. Meine Figur könnte auch ein Verkäufer sein im Sinne der *cris de Paris, cris de Vienne* oder der *cries of London*. Er wurde dargestellt als Müllersknecht, Harlekin (vgl. Foto S. 113) und vor allem als Storch (vgl. Foto S. 110 oben). Meist bestand er aus Porzellan oder wurde aus Tragant geformt. Man verschenkte ihn zu Hochzeiten und zu Kindertaufen, letzteres um kleinen Kindern zu erklären, woher die Babys kämen.

Verschiedene Autoren haben Untersuchungen über Wackelfiguren angestellt, speziell über die, die in der Rhön hergestellt wurden. Meine Figur soll nach Auskunft von Fachleuten keine Rhönfigur sein. Im Gegensatz zu diesen erhielt mein Kindlibringer ein flaches Brettchen als Untersatz, auch wirkt er eher freundlich-humoristisch als grotesk; die Tracht ist städtisch, keinesfalls aber stellt sie eine bestimmte Volkstracht dar.

Fachleute wie Theodor Kohlmann und Ingeborg Weber-Kellermann wurden an Zizenhausener Figuren erinnert. Doch gibt es bei diesen Terrakotten weder den Kindlibringer noch die Wackelfigur. Auch Wilhelm Fraengers Buch konnte mir nicht weiterhelfen.

Der Wolkenhimmel im Hintergrund trägt eine handschriftliche Datierung des Künstlers: »März 1824, Neuchâtel-Süd.«

DAS HOCHZEITSPAAR

Zwei Puppenstubenpüppchen, wie sie um 1900 üblich waren, stellen sich am Hochzeitstag dem Fotografen. Schulterkopf, Arme und Beine sind aus Biskuit, ihre Körper wurden aus Stoff gearbeitet. Die Kleidung entspricht original der damaligen Zeit. Das Brautkleid besteht aus schwerer weißer Seide, die mit feinen Spitzen besetzt ist. Der Bräutigam trägt einen Anzug aus Wollstoff, dazu gehört ein weißes Hemd, eine rote Seidenkrawatte und eine weiße Weste; die Uhrkette ist mit einem Metallfaden aufgestickt.

Ich habe dieses Paar vor eine Puppentheaterkulisse gestellt, die durch das gemalte Glasdach und seine verkürzten Linien die Illusion eines Zimmers um 1850 entstehen läßt. Auf Wandbrettern stehen die um jene Zeit beliebten Gipsbüsten von Friedrich Wilhelm IV. und dessen Gemahlin. Über der Tür hängt ein Gemälde, auf dem ein Jüngling mit Leier und Noten zu sehen ist (nach Garde Nr. 247).

DIE TAUFE

Vor der gemalten Kulisse eines gotischen Kirchenschiffs stehen die Mütter und Paten und warten auf die Taufe. Dieser Puppentheaterhintergrund aus der Mitte des 19. Jahrhunderts zeigt zerrissene Kriegsfahnen. Auch Fachleute konnten mir nicht helfen, den Hersteller dieses Hintergrundes ausfindig zu machen.

Über dem Taufbecken schwebt eine Taube aus feinem Biskuit, befestigt an einer Spirale, die die Taube bei Berührung »fliegen« läßt.

Alle Püppchen stammen aus dem Ende des 19. Jahrhunderts und tragen die Originalkleidung aus jener Zeit. Die Puppenwagen wurden aus Zinn gearbeitet und sind etwa 100 Jahre alt. Vier der Täuflinge stecken in den alten Steckkissen (poupée en maillot). Über die Herstellung solcher Steckkissen wurde genau wie über Puppenkleider in Modemagazinen geschrieben.

Die beiden Engel im Vordergrund sind aus Gips, ein moderner mexikanischer Souvenirartikel.

DAS BANKETT

Die Haushälterin wirft einen letzten kritischen Blick auf die reich gedeckte Tafel. Sie stellt das Ideal eines Hausmädchens um 1900 dar: tadellos gekleidet mit einem schwarzen Sergekleid, weißem Häubchen und Schürzchen, den Schlüsselbund aus Zinn am Rockbund befestigt. Das Material der Puppe: Schulterkopf, Arme und Beine aus Biskuit, Körper aus Stoff.
Auf dem festlich gedeckten Tisch entdecken wir die köstlichsten Delikatessen auf edlem Geschirr. Besonders hervorzuheben sind hier die beiden prachtvollen Schalen an den äußeren Ecken der Tafel. Sie stammen von der *Old Cheyne Pottery* (England) und wurden nach Art der Delfter Porzellane mit blauen Mustern bemalt. Die linke Schale enthält eine Auswahl an Gemüse, die rechte Hummer, garniert mit Zitronen und Zitronenscheiben. Die Keramikschüssel in der Mitte des Tisches enthält Äpfel und Trauben. Weiter sehen wir auf verschiedenen Tellern und Schüsseln: Brot, Brötchen, aufgeschnittenen Schinken, einen gefüllten Truthahn, Obst. Auf dem Tisch liegen außerdem Servietten aus Porzellan mit Goldpapierbändchen. Das weiße Körbchen aus Biskuit mit Trauben und rosa Vögelchen ist an den Rändern mit Gold verziert. Im Hintergrund steht das Besteckkörbchen; Löffel, Gabel und Messer bestehen aus Zinn. Solche Zinnkörbchen sind noch heute erhältlich (Babette Schweizer). Zu meiner festlich gedeckten Tafel gehören natürlich auch Kerzenleuchter (Zinn, vergoldet) sowie der durchbrochene Zinnkrug mit Zinnstöpsel und grünem Glaseinsatz (Jugendstil). Wie bei allen Puppenstuben-Gegenständen ist es auch hier unmöglich, eine genaue Datierung anzugeben; selbst in Fachbüchern wird dies meist vermieden.

DIE LETZTEN ROSEN IM SCHLOSSPARK

Die vornehme Herrschaft wandelt in ihrem Park. Die Dienerin hält sich bescheiden im Hintergrund und pflückt die letzten blühenden Rosen. Die strenge Haartracht des Paares deutet auf das Jahr 1850 hin. Madame stellt eines der ältesten Puppenstubenpüppchen mit Gesicht, Händen und Beinen aus Biskuit dar, also mattem Porzellan. Nur ihr schwarzes Haar ist glasiert. Das gleiche gilt für ihren Mann, dessen Haar leicht ins Gesicht hinein gestrichelt ist (englisch: brushwork oder windswept). Größere Puppen von der gleichen Art werden »Dresden« genannt; diese werden in der Fachliteratur häufig beschrieben, selten dagegen so kleine Puppen mit glasiertem Haar (meine Puppen sind 12 cm hoch).
Das Paar ist mit grünem Samt gekleidet. Es wird vermutet, daß beide in Sonneberg, Thüringen, gemacht wurden. Sie tragen aber keinerlei Herkunftsmarken, was um die Entstehungszeit auch noch nicht üblich war. Oft setzten die Manufakturen ihren Namen erst auf den Rücken oder auf den Hinterkopf, wenn sie bereits berühmt waren. Bedingt durch Zollvorschriften im Jahr 1890 erhielten alle Hersteller die Auflage, ihre Puppen mit dem Herkunftsland zu kennzeichnen.
Die Dienerin trägt ebenfalls Grün. Sie dürfte etwas jünger sein als die beiden anderen Puppen. Ungewöhnlich an ihr ist das blonde Haar.
Die Blumen in den beiden flachen Schalen sind aus venezianischem Glas. In Holzkübeln mit feiner Girlandenbemalung stehen hochstämmige Rosen, wie man sie auch in späteren Puppenstuben findet.

AM STRAND

Die Mutter ist mit ihren Söhnen am Meer; hier können sie ein Ruderboot und mehrere Segelschiffe bewundern. Die Kinder dürfen im Sand spielen. Bei der Mutter, einem beliebten Puppenstubentyp, sind Kopf, Arme und Beine aus Biskuit, der Körper aus Stoff. Der größere Sohn ist ganz aus Biskuit und hat Gummiband-Verbindungen, die ihn beweglich machen. Im Gegensatz zu seiner Mutter, die gemalte Augen hat, sieht er uns aus eingesetzten Glasaugen an. Der kleine Bruder ist ebenfalls ganz aus Biskuit, die Einzelteile sind jedoch mit Draht verbunden. Seine blauen Augen sind gemalt.
Alle drei Puppen befinden sich im Originalzustand, sie tragen echte Mohairperücken. Würde man die Mutter nach ihrer Kleidung datieren, so könnte man sich leicht irren. Sie trägt den Stil um 1870, ist aber ganz sicher nicht vor 1900 entstanden. Wir finden es häufig, daß Puppen bewußt nach einer vergangenen Mode gekleidet sind. Hier kann es sich um das liebevolle Werk einer Großmutter handeln, die schönen alten Stoff verwendete oder aber den Wunsch hatte, die alte Zeit noch einmal aufleben zu lassen. Die Matrosentracht der Söhne paßt in die Zeit ihrer Entstehung: um 1900.
Alle drei Puppen tragen keine Herstellermarken. Lediglich bei dem großen Knaben finden wir die Zahl 3/35. Dies läßt wieder auf die Gebrüder Heubach schließen, die manchmal die Zahl 35 für ihre Produkte verwendeten.
Das Spielzeug im Vordergrund nennt man Pfennigspielzeug (*penny toy*). Zur Zeit seiner Herstellung war es nicht viel wert, heute ist es begehrtes Sammlerobjekt. Wahrscheinlich stammt es von der Firma Hess, Nürnberg (Chr. Väterlein).

AUF DEM DORFPLATZ

Etwas unschlüssig stehen die beiden Mädchen auf dem Dorfplatz. Mit wem sollen sie spielen? Über den Hersteller dieser zwei Püppchen ist mir nichts bekannt. Mit Bleistift ist auf dem Rükken der größeren die Nummer 35 markiert. Aufgrund dieser Ziffer und ihres Aussehens könnte man an eine Puppe der Gebrüder Heubach denken. Die Puppen sind 15 bzw. 17 cm hoch. Ihre Köpfe sind sehr fein modelliert. Die kurzen Haare lassen darauf schließen, daß sie ursprünglich als Knaben konzipiert wurden; darauf deuten auch die freistehenden Ohren und der kurze Hals hin. Die Kleidung ist sehr sorgfältig gearbeitet. Die größere Puppe trägt ein kariertes Baumwollkleid, der Mode um 1910 entsprechend. Das Kleidchen der kleineren Puppe wurde aus fünf verschiedenen Garnen gehäkelt. Besonders hübsch sind die Strohhüte mit den Seidenbändern. Die Hüte sind innen gefüttert. Um beide Mädchen scharen sich fünf Biskuithündchen aus England; ein weiteres Hündchen liegt ausgestreckt auf einem Käfig.

DER SCHÄFER

Im Schloßpark bewacht der Hirte die Schafe seiner Herrschaft. Das kleine Schäflein (aus Wachs) in seinem Arm scheint wohl eben erst geboren worden zu sein. Der Schäfer ist 19 cm hoch; Kopf, Unterarme und Beine bestehen aus Biskuit, der Körper aus Stoff; die Kleidung wurde maschinell hergestellt: aus grauem Filz mit grünen Manschetten und Revers. Ein grüner Filzhut und eine karierte Krawatte aus Papier komplettieren seine Garderobe. Um seine Schultern hängt ein Lederbeutel mit winzigem Makramee-Einsatz. Runde Papierscheibchen dienen als Knöpfe.
Eine solche männliche Puppenart ist viel seltener zu finden als das weibliche Pendant. Die gleiche Puppe, die hier als Schäfer gekleidet ist, findet man auch als Soldaten oder in ziviler Kleidung.
Die Schafherde besteht aus 5 bis 7 cm hohen Tieren, die aus der Gegend von Berchtesgaden stammen. Sie haben holzgeschnitzte Köpfe und Beine und erhielten über dem Körper einen Bezug aus Schafpelz oder aufgerauhtem Stoff.
In Deutschland gibt es eine alte Tradition, Schafherden als Kinderspielzeug herzustellen; sie wurden schon 1840 angeboten (Waldkirchner Katalog von Oehme). Das kleine Hündchen rechts im Bild ist ebenfalls ein Produkt der Berchtesgadener Schnitzkunst.

AM BRUNNEN

An einem heißen Sommertag tritt ein junges Mädchen an den Brunnen, um für ihre Blumen Wasser zu schöpfen. Dieses hübsche Puppenstubenpüppchen im französischen Stil ist ganz aus Biskuit, sechsteilig, mit Gummizügen verbunden. Es ist 15 cm hoch, hat einen drehbaren Kopf, abgeschrägte Beinansätze und trägt eine Mohairperücke. Bei den feststehenden Glasaugen sind das obere und untere Lid gemalt. Es trägt kurze weiße, gerippte Strümpfe aus Biskuit, gemalte Spangenschuhe mit leichtem Absatz und gelben Sohlen. Das blaue Seidenkleid aus altem Stoff wurde erneuert.
Der Brunnen ist ein seltenes Stück und schwer zu bestimmen. Die Höhe beträgt 23 cm, Basisbreite 13 cm, Tiefe 10 cm. Sein feines Blech ist handbemalt. An seiner Rückseite befindet sich eine Pumpe sowie eine Öffnung zum Wassereinfüllen. Es könnte sich hier um ein Stück der Firma Ludwig Lutz, Ellwangen, der Vorgängerin von Märklin, handeln und ließe sich auf etwa die Jahre 1880 bis 1885 datieren (Chr.Väterlein).
Die Porzellanblumen in den hübschen Töpfchen stammen aus dem Biedermeier und tragen die Porzellanmarken verschiedener Hersteller.
Der Hintergrund ist ein Originalaquarell wie auf dem Bild auf Seite 13 und trägt die gleiche Signatur.

EIN FERIENTAG FÜR MARIONETTEN

An einem freien Tag haben sich die Puppen aufgemacht, um ein paar vergnügte Stunden im Grünen zu verbringen.
Hier haben wir wirklich Marionetten vor uns, nur kann man das nicht mehr erkennen. Ich habe ihnen Böses angetan: Am Kopfende entfernte ich den so lebenswichtigen Haken, weil ich sie als Puppenstubenbewohner haben wollte. Ich hoffe, Marionettenliebhaber werden mir dies nicht allzusehr verübeln. Die Gilde der Kenner und Verehrer der Marionetten ist groß, und sie sehen etwas völlig anderes in Marionetten als in Puppen. Aber die Übergänge zwischen Puppe, Marionette, Hampelmann, Marotte, *Punch and Judy*, *Pantin* und *Polichinelle* sind fließend. Viele bedeutende Dichter haben für Marionetten oder über sie geschrieben, Musiker haben speziell für sie komponiert. Philosophen setzten sich mit ihrer Erscheinung auseinander.
Meine Figuren datiere ich auf Anfang des 19. Jahrhunderts. Sie tragen ihre Originalkleidung, über ein Drahtgestell gezogen; Köpfe, Hände und Beine sind aus Holz geschnitzt. Den dekorativen Theaterhintergrund konnte niemand identifizieren. Es handelt sich um eine handkolorierte Lithographie, etwa 1850.
Die ausgelassene Gesellschaft hat auf ihren Ausflug viele Krüge mitgenommen. Sie tragen sehr lustige Aufschriften wie zum Beispiel: »Die Schatzerl schenk'n s'fein guat ein«, oder »Nimm mich zur Hand, führ mich zum Mund und trink mich aus bis auf den Grund«, oder »Lieben und geliebt zu werden, ist die größte Freud auf Erden«. Die Krüge stammen etwa aus dem Ende des 19. Jahrhunderts.

BESUCH AUF DER BURG

Die freundliche Begrüßung gilt den Burgnachbarn, die mit der Pferdekutsche eben angekommen sind. Der Wagen aus bemaltem Weißblech ist nur 10 cm hoch und für meine Puppen, die alle 21 cm groß sind, natürlich viel zu klein, aber dies spielt in meiner Puppenwelt keine Rolle. Das kleine Fahrzeug stammt von einem der vielen süddeutschen Blechspielzeughersteller, die deshalb schwer auseinander zu halten sind, weil sie sich oft gegenseitig kopierten.
Meine vier Puppen traten sicherlich einmal auf einer Puppenbühne auf. Vielleicht handelt es sich sogar um Marionetten.
Bis auf die vornehme Dame im karierten Kleid tragen alle ihre alte Tracht. Ihre Köpfe sind aus Holz; Arme und Beine wurden mit einem starken Drahtgestell am Körper befestigt, so daß alle Teile beweglich sind. Ganz links im Bild sehen wir eine Puppe, deren Kopf drehbar ist. Der Helm ist anmodelliert.

IM RITTERSAAL

Nicht nur Kinder, auch Erwachsene haben früher gern mit Soldaten gespielt. Miniatursoldaten dienten oft genug als pädagogisches Material, wie die schon seit dem Ende des 17. Jahrhunderts in Nürnberg hergestellten Zinnsoldaten beweisen. Ab 1840 wurden auch Holz-Soldaten (Waldkirchner Katalog) angeboten.
Die hier abgebildeten Puppenstuben-Soldaten wurden um das Jahr 1900 in vielen Varianten hergestellt und waren damals sehr beliebt. Sie haben – wie zu dieser Zeit üblich – Körper aus Stoff; Köpfe, Arme und Beine sind aus Biskuit. Die Kleidung wurde meist aus buntem Filz hergestellt. Bei den Feldgrauen in der vordersten Reihe sind Kopf und Kappe aus einem Stück gearbeitet. An der Wand hängt eine sizilianische Marionette: ein Holzkörper mit einer Rüstung aus Metall. Auf dem Boden liegen zahlreiche Waffen ausgebreitet, gefertigt aus Eisenblech, Zinn, Bronze und Elfenbein, die schon seit dem 17. Jahrhundert in Nürnberg und Fürth hergestellt wurden.
Der Hintergrund, ein Rittersaal, ist ein Druck von J. F. Schreiber, Esslingen. Es handelt sich dabei um eine Kopie eines Bühnenbildes für die Oper »Die Hugenotten«, von dem es verschiedene Nachahmungen gab (Bühnenbild Garde Nr. 203 a, vereinfachte Darstellung Garde Nr. 203 b).

IM WEINKELLER

Im grauen Kellergewölbe sorgen zwei Männer für Sauberkeit und Ordnung. Im Vordergrund des Bildes stehen mundgeblasene, alte Puppenweinflaschen mit dem Etikett: *Carte blanche mousseux*, Deutz & Geldermann. Die hölzernen Weinfässer fertigte Märklin, Göppingen. Ein englisches Biskuit-Kätzchen verscheucht die Mäuse.

Meine beiden Figuren sind etwa 14 cm hoch und aus Holz geschnitzt.

Der Schweizerischen Schnitzlerschule, Brienz, und der dort ansässigen Firma Huggler-Wyss verdanke ich folgende Auskünfte über meine Figuren: Im Jahr 1920 gewann Hans Huggler den Wettbewerb des Schweizerischen Werkbundes mit seinen handgeschnitzten Figuren, deren Besonderheit der Flachschnitt ist. Er steht im Gegensatz zum Rundschnitt der süddeutschen Schnitzkunst.

In den armen Waldgegenden entwickelte sich bei der Bevölkerung eine besondere Fertigkeit im Schnitzen. Dies taten die Menschen nicht nur, um sich die langen Winterabende zu vertreiben, sondern sie hatten dadurch einen kleinen Nebenverdienst, indem sie ihre Schnitzerei verkauften (vgl. Angeletti). Die Schnitzereien fanden im Laufe der Zeit immer mehr Liebhaber, und so ist es durchaus verständlich, daß man sich nach den Wünschen der Kunden richtete, deren Geschmack aber nicht immer der beste war.

Man suchte und sucht auch heute noch nach Wegen, leicht verkäufliche Ware und gute Qualität zu vereinen.

Der nicht identifizierbare, aber originale Puppentheater-Hintergrund zeigt unter anderem ein Wappen mit einem Schwan und die Jahreszahl 1852 auf einem Stein.

EIN WINTERMÄRCHEN

Bruder und Schwester, beide in gehäkelten roten Kleidern, haben sich im Schnee verirrt. Plötzlich schwirren vor ihnen zwei Schneebabys vorbei. Die Geschwister sind Püppchen aus der Wende zum 20. Jahrhundert. Sie sind 10 cm groß. Ihre Gesichter sind sehr ausdrucksstark. Aus dem Hinweis »Germany« kann man schließen, daß sie nach 1891 hergestellt wurden. Diese Art wurde zu Millionen hauptsächlich nach Amerika exportiert, weil kein Land so billig Puppen herstellen konnte wie Deutschland. Das gleiche gilt für die Schneebabys (snowbabies). Sie eroberten wegen ihres niedlichen Aussehens die Welt im Sturm. Damals kosteten sie nur wenige Pfennige; heute sind sie beliebte Sammlerobjekte. Sie bestehen aus einem Stück und sind mit Porzellanbröckchen überzogen. Selten ist eine Marke genannt, jedoch kommen die Zahlen 99 und 9916 häufiger vor, was auf die Gebrüder Heubach oder Hertwig & Co. schließen läßt. Diese Puppenart gibt es in unzähligen Variationen, Positionen und Aktionen. Sie dienten zum Beispiel als Weihnachtsdekoration und fanden Platz in Vitrinen der guten Stube. Zwerge und Kobolde gehören ebenfalls in diese Serie. Bis 1940 waren sie sehr in Mode, danach wurden sie von den sogenannten Kewpies verdrängt (vgl. Foto auf S. 117), eine Schöpfung der Amerikanerin Rose O'Neill.

DER CLOWN

Wenn je ein Clown gleichzeitig lachen, weinen, beruhigen und unterhalten kann, dann ist es mein Clown. Er ist nicht nur in meinen Augen einzigartig; Fachleuten gab er ebenfalls viele Rätsel auf, besonders was seine Herkunft betrifft.

Er sitzt fest in seinem Wagen, der – wenn er gezogen wird – leise Musik erklingen läßt. Der Clown bewegt dazu seinen Kopf und die Arme.

Der Wagen ist insgesamt 39 cm hoch und 29 cm tief. Er ist einfach konstruiert: Die Hinterräder übertragen die Bewegung auf ein kleineres Rad, welches durch ein Gurtband mit Kopf und Armen des Clowns sowie einer kleinen Spieldose verbunden ist. Er besteht nicht aus einem Strohgeflecht, sondern wurde mit entsprechend bedrucktem Papier beklebt.

Der Clown trägt die Zahl 43 3/0, die von Simon & Halbig, Heubach, Kley & Hahn sowie Recknagel verwendet wurde. Die Art des Wagens läßt zwar auf einen deutschen Hersteller schließen, während man die Konstruktion des Clowns – der flachabschließende Kopf dreht sich auf einem sehr primitiven Körper aus Holz und Komposition – von französischen Marotten oder von Musikautomaten kennt. Die Mohairperücke sitzt auf einem Kartonabschluß; die Kleidung ist echt: weißes, aufgerauhtes Baumwollkostüm mit Spitzen und roten Bändern, roten Wollknöpfen und einer Spitzenmütze mit Wollpompons.

In der Literatur hat man sich mit dem Clown beschäftigt (Borràs; Noble). Der Katalog der Münchner Ausstellung »Mechanisches Spiel und Theater« zeigt auf dem Titelblatt einen Clown. Über echte, große Clowns berichtet das Buch von George Bishop »The world of clowns«, der viele schöne anregende Vergleiche bringt. An dieser Stelle möchte ich noch einen kleinen Absatz von Hans Peter His zitieren:

»Der Automat hat eine große Vergangenheit und seine Geschichte dikke Bände der Spezialliteratur gefüllt. Im klassischen Altertum beschrieben, von den Arabern am Hofe Friedrichs II. in Sizilien eingeführt, in Kunst- und Wunderkammern der Renaissance als kostbares Schaustück vertreten, wurde er im 19. Jahrhundert serienweise hergestellt und gelangte als erschwingliches Spielzeug auch in die Kinderstuben.«

Puppen – ein Spiegelbild der Mode

Eine Geschichte der Puppe ist zugleich eine Geschichte der Mode. Denn in jeder Einzelheit der Kleidung und Frisur schließt sich die Puppe eng an das lebende Vorbild an. Ein Abweichen von diesem hätte das kleine Mädchen nie geduldet.

KARL GRÖBER

. . . was ist eine Puppe, auf die einfachste Formel gebracht? Die Puppe muß etwas zum Liebhaben sein. Das ist ihr Sinn und Zweck. Und was hat man lieb? Was ist es, was Liebe erweckt? Was ist Liebe? Da sind wir auf einmal von der Puppe zum allertiefsten Problem gelangt. Es gibt eben keine kleinen Dinge im Leben, überall ist's tief. Man muß nur hinsehen wollen.

KÄTHE KRUSE

Wenn wir die Puppe Jahre später wiederfinden – kann es für uns ein Wiederaufleben unserer Kindheit bedeuten, oder es kann uns in eine sichere, ferne Traumwelt führen, die wir niemals kannten. Wir können durch die Puppe unsere Identität ausweiten oder ihr entfliehen. Dies ist die besondere Magie, die alte Puppen unwiderstehlich für mich macht und – wie ich vermute – geht es allen Sammlern so.

JOHN NOBLE

Die Vorstellung der Puppe ist uraltes Menschengut. Sie ist über die ganze Welt verbreitet und richtet sich nicht nach den Grenzen der Zivilisation.

FRITZ HOEBER

Wieviele Tränen müssen getrocknet werden,
bis bei den Kleinen, die ins Leben treten, mit Hilfe
eines Spielzeugs ein Lächeln entsteht. Es ist, als ob man
vor ihnen so lange wie möglich Enttäuschung und
Bitterkeit, die auf sie warten, verbergen möchte.

LÉO CLARETIE

Spielzeugsammeln ist mehr als bloßes Anhäufen, sonst hätte es nicht eine so große Faszination für viele ernste Menschen. Es gibt kein anerkanntes Schritt-für-Schritt-Pensum, denn jegliches Hobby würde seinen Reiz verlieren, wenn man nach fester Vorschrift handeln müßte. Die Freude besteht darin, seine Sammelobjekte datieren und lokalisieren zu können. Besitz allein ist nicht das Ziel in sich selbst.

LOUIS HERTZ

Kinderspiele und
Jugendvergnügungen erhalten
sich daher und pflanzen
sich von Jahrhundert zu
Jahrhundert fort;
denn so absurd sie auch einem
reiferen Alter erscheinen
mögen, Kinder bleiben
doch immer Kinder und
sind sich zu allen Zeiten
ähnlich.

J. W. GOETHE

MÄDCHEN
MIT WÜRFELSPIEL

FEINE KORBWAREN

DIE DOSENVERKÄUFERIN

Die Erzeugung von mundgeblasenen Puppenaugen aus Hohlglas fand wenige Jahre nach dem Zweiten Weltkrieg mit dem Aufkommen neuer plastischer Kunststoffe ihr Ende. Bedauerlicherweise fand damit gleichzeitig eine über mehrere Generationen entstandene kunsthandwerkliche Fertigkeit ihr Ende.

ROLF WERNICKE

Puppen sind ein Bindeglied zwischen Kindheit und Wirklichkeit, welches wir Erwachsenen allzu schnell verlieren. Doch leben wir weiter in der Hoffnung, uns diese größte Kostbarkeit, den Kindheitstraum, zu erhalten.

A. K. COLE, KATALOG DES MARY MERRITT MUSEUM

Natürlich wurden die Puppen von Bru auf den großen internationalen Ausstellungen, die während der zweiten Hälfte des 19. Jahrhunderts so beliebt waren, ausgestellt. Zunächst gab es silberne Auszeichnungen, als aber M. Chevrot die Firma übernahm, regnete es Goldmedaillen mit beinahe monotoner Regelmäßigkeit.

FAITH EATON

MÄDCHEN
MIT KIRSCHEN

Monsieur Jumeau hat in Montreuil bei Paris eine Firma eröffnet, wo er mit größter Perfektion Puppenköpfe aus emailliertem Porzellan herstellt ... sie [die Jury] gratulierte ihm zu diesen wunderschönen Erzeugnissen und verlieh ihm einstimmig die Medaille des Fortschritts.

BERICHT DER WIENER WELTAUSSTELLUNG 1873

FRANZÖSIN MIT KOFFER

... Schmeichlerisches wird gerne abgenommen ... wie das, was im Geschmack süß ist, in Blumen leuchtet, in Gemmen glänzt und in Puppen blendet.

HIERONYMUS (340 BIS 420), BRIEF AN GAUDENTIUS

BRÜDERLEIN UND SCHWESTERLEIN

Keck blicken uns die beiden Geschwister aus ihren Schlafaugen an. Ich halte sie für französische Puppen, obwohl sie keinerlei Bezeichnungen tragen. Sie sind völlig aus Biskuit und tragen schöne Mohairperücken. Holzkeile halten die Gummizüge der Köpfe fest; ein Lederstreifen am Hals schützt den Kopf bei Drehungen. Arme und Beine wurden abgeschrägt angesetzt. Recht selten sind die schwarz gefärbten, senkrecht gerippten Strümpfe, die bis übers Knie reichen; nachträglich erst wurden ihnen die kleinen Lederschuhe angezogen. Ihre sonstige Kleidung ist fabrikgenäht und original. Das Mädchen trägt über Unterhemd und Unterrock ein weißes Seidenkleid mit blauen Streifen und alten Schmuck in Ankerform; ihr Bruder ist mit einem weißen Wollhöschen und einem blauen Wollkittel mit weißem Spitzenkragen bekleidet.

FREUNDE

Mein Jugendstilpärchen sitzt auf einem Stuhl aus jener Zeit (oben). Es sind zwei sehr einfache, 8 cm hohe Biskuitpüppchen. Kopf und Körper sind in einem Stück gearbeitet, Arme und Beine wurden mit Draht befestigt. Das Pärchen hat einfache blonde Bubikopffrisuren; die braungelben Spangenschuhe sind aufgemalt. Auf dem Rücken fand ich eine Größenangabe: 7½ und den Zusatz »Germany«. Die gleiche Größenangabe findet sich auch auf den Beinen, wohl um beim Zusammenfügen keinen Fehler zu machen. Diese Puppen waren zur Zeit ihrer Herstellung sehr billig, doch bereichern sie als Paar jede Sammlung. Zusammen mit den Jugendstilmöbeln bilden sie ein nicht leicht aufzufindendes Ensemble.

Das Pärchen auf dem unteren Bild ist kostbarer. Mann und Frau stehen vor einem schön geschnitzten Bauernstuhl aus Eiche. Ihre ländliche Tracht könnte elsässisch oder schweizerisch sein. Ihr »Markenzeichen« ist die Zahl 13. Leider sind siebzehn Hersteller aus Frankreich und Deutschland bekannt, die die Zahl verwenden (R. Shea).

Es handelt sich um Kompositionspuppen mit einem drehbaren Kopf aus Biskuit; sie haben schwarze Glasaugen und tragen Mohairperücken. Die weißen Strümpfe und schwarzen Schuhe sind aufgemalt. Die Kleidung ist fabrikecht, also original, und wurde mit viel Sorgfalt hergestellt. Allein bei der Kleidung der Frau fanden sieben verschiedene Materialien Verwendung. In Frankreich fertigte man häufig Püppchen, bei denen der Körper verhältnismäßig billig, die Kleidung aber um so kostspieliger ist.

Solche billigen Kompositionspuppen, eine französische, lange als Geheimnis gehütete Erfindung, wurden über viele Jahre in dieser Größe hergestellt.

DRILLINGE UND VIERLINGE

Auf dem oberen Bild habe ich vier Puppen auf einem Sofa im Wiener Thonet-Stil Platz nehmen lassen. Diese Art von Puppen wurde früher in großen Mengen hergestellt, tragen aber häufig keine Marke, wie es auch hier der Fall ist. Es handelt sich dabei um sogenannte »Schulterköpfe«, das heißt, Kopf und Brustblatt sind aus einem Stück, hier aus Biskuitporzellan. Die Körper sind aus Stoff. Die Bubikopffrisur läßt etwa auf das Jahr 1920 schließen.

Puppen dieser einfachen Machart, die in großer Zahl nach Amerika ausgeführt wurden, waren bei den Kindern dort sehr beliebt.

Auf dem unteren Bild sind drei gleiche Puppen zu sehen, die ich durch einen glücklichen Zufall zusammen erstehen konnte. Die drei Knaben, darauf weist nicht nur das kurze Haar, sondern auch der breite kurze Hals und die freiliegenden Ohren hin, tragen die Originalkleidung. Der dabei verwendete schöne Seidenstoff, die Rosetten aus Goldpapier und die senkrecht gerippten Strümpfe sprechen für eine französische Herkunft dieses Trios.

PÄRCHEN

Beide Pärchen auf dieser Seite stellen sich dem Photographen mit einem besonders freundlichen Gesicht; sie sehen so glücklich und zufrieden aus. Diese Art Puppen werden als »Ganzbiskuits« bezeichnet, weil sie nur aus Porzellan bestehen. Im Gegensatz dazu gibt es die »Halbbiskuits«, bei denen meist nur der Kopf und das Bruststück aus Porzellan sind, der restliche Körper kann aus verschiedenen Materialien gefertigt sein.
Meine beiden Pärchen könnten französischer Herkunft sein. Nicht nur ihre erste Besitzerin kam aus Frankreich, beide Pärchen weisen auch einen typisch französischen Gesichtsausdruck auf: Stupsnäschen, hochgestellter Mund; ihre blonden Mohairfrisuren bestehen aus enggedrehten Löckchen. Alle vier tragen französische Kleidung, die mit viel Sorgfalt genäht wurde.
Das Pferdchen hinter dem oberen Paar besteht aus Holz und ist mit weißem Stoff überzogen. Es hat braune Glasaugen und trägt zierlich gearbeitetes Geschirr. Das Paar auf dem unteren Bild steht neben einem hübschen Stuhl mit feinem blauem Seidenpolster und gedrechselten Beinen. Er gehört in einen französischen Salon, der heute im Museum Franz Carl Weber, Zürich, zu sehen ist. Nach Vivian Greene ist dieser Puppenmöbelstil auf die Zeit um 1875 zu datieren.

GESCHWISTER

Die beiden Puppen auf dem oberen Bild unterscheiden sich nur durch ihre Kleidung. Es sind sechsteilige Ganzbiskuits, deren Köpfe mit einem Gummiband befestigt sind. Sie tragen originale Mohairperücken. Über ihren Hersteller kann ich nichts aussagen. Ich fand lediglich die Zahl 13 mit zwei Ausrufezeichen dahinter. Diese Ziffer stimmt zufällig mit der Größe der Puppen überein. Die beiden Ausrufezeichen könnten eine bestimmte Serie angeben. Auf Grund ihrer sorgfältig genähten Original-Kleidung halte ich sie für französischen Ursprungs. Dafür sprechen auch die gestrichelten Augenbrauen sowie der schützende Lederstreifen am Hals. Kleidungsstil, Spangenschuhe mit Absätzen weisen auf die Zeit um 1900.
Das untere Bild zeigt zwei fröhliche Mädchen, die ihre Hunde ausführen. Heute würde man diese beiden Puppen im Sammlerjargon »Charlotten« nennen. Aber sie entstanden, bevor diese auf einer amerikanischen Ballade beruhende Bezeichnung für steife Porzellanpüppchen aufkam. Die Ballade handelt von einem Mädchen, das im Schnee erfriert:
»Charlottchen schön war ein Leichnam, / kein Wort mehr von ihren Lippen kam.«
Beide Puppen wurden in Frankreich um 1850 hergestellt. Sie wurden in einem Stück aus Biskuit gefertigt und sind sehr sorgfältig bemalt. Die Mohairperücken haben handgenähte Scheitel. Das Besondere an diesen Puppen ist, daß Beine und Schuhe glasiert sind, während die übrigen Teile matt sind. Das Mädchen rechts trägt goldfarbene Stiefeletten, das andere rosa Schuhe mit Troddeln.
Der Dackel ist aus feuervergoldetem Eisen, der Pudel aus Messing. Eigentlich war der Pudel als Zigarrenabschneider gedacht; mir war er jedoch für diese Gruppe sehr willkommen.

MÄDCHEN MIT WÜRFELSPIEL

Diese beiden Püppchen scheinen wie richtige Kinder zu spielen. Die Würfel sind nur 3 mm groß und ergeben bei richtiger Zusammenstellung – wie hier zu sehen ist – ein Bild.
Das große Mädchen mißt 19 cm und ist aus schwerem Biskuit. Für meine Puppenstuben ist sie zu groß und als Spielzeug für Kinder zu kostbar. Sie besteht aus sechs Teilen, hat blaue Schlafaugen und einen offenen Mund mit Zähnchen; die echte Mohairperücke wurde auf Steifleinen genäht. Besonders schön sind die Hände mit abgewinkeltem Daumen. Sie trägt blaue Strümpfe und modellierte Spangenschuhe, alles aus Biskuit, dazu ein hübsches Kleid und einen Hut aus Samt und Seide, der auf ein Drahtgestell montiert ist. Ein Streifen aus Wildleder schützt bei Drehungen des Kopfes. Solche Schutzstreifen sind häufig bei in oder für Frankreich hergestellten Puppen zu finden.
Die Puppe trägt die beiden Bezeichnungen COD sowie S & H. Das bedeutet, daß sie von der Firma Simon & Halbig hergestellt und von Cuno & Otto Dressel in Auftrag gegeben wurde. Letztere Firma bestand von 1764 bis 1945 in Sonneberg/Thüringen; auf Weltausstellungen gewann sie für ihre Puppen viele Preise.
Das kleine Mädchen ist 17 cm groß und ebenfalls aus Biskuit. Sie trägt folgende Bezeichnung: Furga, Canneto, S. Oglio, 2. Die Firma Furga, Mantua/ Italien, stellt noch heute Puppen her, allerdings nicht mehr aus Porzellan, sondern aus modernem Material.
Nach Coleman existiert diese Firma seit 1872.

FEINE KORBWAREN

Körbe zu verkaufen ... schöne Körbe ... Die Puppe hält Handarbeiten vergangener Tage feil. Alle Gegenstände wurden aus Stroh angefertigt. Besonders kunstvoll gearbeitet sind die strohumwickelten Glasflaschen und Nähkörbe sowie zierliche Ohrringe.
Unsere Verkäuferin – 44 cm groß – ist eine frühe Parian-Kurbelkopfpuppe (Kurbelkopf bedeutet, daß der Kopf im Gegensatz zum Schulterblattkopf drehbar ist). Den Ausdruck Parian verwendet man für unglasierte Biskuitköpfe, deren Porzellanmasse sehr hell, ebenmäßig und feinkörnig ist. Der Name Parian ist auf die griechische Insel Paros zurückzuführen, weil der dort vorkommende Marmor angeblich von ähnlich heller Farbe ist wie das hier verwendete Porzellan.
Kopf, Schulter, Arme und Beine der Puppe sind aus Biskuit und am Stoffkörper befestigt. Ihr blondes, gemaltes Haar wird durch ein ebenfalls gemaltes Band zusammengehalten. Die feststehenden Augen sind aus tiefblauem Glas. Derartige Puppen werden allgemein auf das Jahr 1875 datiert, etwas später als die ihnen ähnlichen Puppen, die aber einen unbeweglichen Kopf haben.
Was bei dieser Puppe noch auffallend ist, sind die im Verhältnis viel zu kleinen Füße und Hände, dem damaligen Schönheitsideal entsprechend. Sie trägt gelbe Stiefeletten. Ihre Ohrläppchen sind für Ohrringe durchstochen. Die Kleidung – ein sehr schöner blauer Seidenmantel mit seideumwirkten Knöpfen – ist handgenäht.
Für Kinderhand sind diese Puppen wegen ihrer Zerbrechlichkeit ungeeignet. Sie waren schon damals sehr kostbar. Wohl aus diesem Grund wurden sie nach 1885 nicht mehr hergestellt. Dieser Puppentyp wurde schon sehr früh ein begehrtes Sammlerobjekt. Die Herstellerfirma ist nicht angegeben, wie um jene Zeit noch üblich. In Amerika nennt man diese Art Puppen *blonde biscuit* oder *Dresden head* (St. George).

DIE DOSENVERKÄUFERIN

Das junge Fräulein blickt aus ihren schönen und zugleich traurigen Augen auf ihren Schatz: hübsche alte Dosen und Schachteln. Alle sind aus Karton gefertigt, zum Teil mit der Hand fein bemalt oder mit gedruckten alten Bildchen verziert.
Die besonders schönen Strahlenaugen (hellblau mit leicht getöntem Augapfel und dunkler umrandeter Iris sowie einer Kristallüberhöhung der Pupille) sind bei Puppen dieser Größe (30 cm) recht selten. Ihr Kopf ist oben geschlossen; heute werden derartige Puppen als *Beltontye* bezeichnet. Sie trägt keine Markierung, aber ich nehme an, daß sie französischer Herkunft ist.
Glasaugen finden wir bereits bei den Skulpturen der Ägypter, Griechen und Römer. Es waren massive Glasaugen mit eingesetzter, dunklerer Iris und einer Pupille aus verschiedenen Materialien. Man verwendete auch schön gezeichnete Muscheln oder Glasperlen.
Erst seit der Mitte des 19. Jahrhunderts kennt man aus England (Birmingham und Bristol) mehrfarbige Glasaugen, *paperweight* genannt (nach den dort ebenfalls hergestellten Briefbeschwerern). England exportierte große Mengen dieser Glasaugen. Etwa zu der gleichen Zeit entwikkelten die Lauschaer Glasbläser, die zunächst nur Glasschmuck und Glasaugen für Menschen herstellten, die farbigen Strahlenaugen für Puppen. Um das Jahr 1870 verbesserte man in Paris die Puppenaugen dadurch, daß sie in der Mitte eine Überhöhung aus feinem Kristallglas erhielten, wie bei der hier gezeigten Puppe. So wurde das Puppenauge dem des Menschen immer ähnlicher. Ob die in Lauscha hergestellten »Pariser Augen« ihren Namen deshalb erhielten, weil sie im Auftrag für Paris entstanden oder weil diese besondere Machart in Paris entwickelt wurde, ist unbekannt.

FRANZÖSISCHES TRIO

Der Kavalier mit seinen beiden Begleiterinnen kommt aus Paris. Für Modepuppen sind sie mit ihren 26 cm Höhe ungewöhnlich klein. Man hat lange Zeit angenommen, daß solche Puppen nur zum Zweck der Bekanntgabe der Pariser Mode hergestellt wurden. Alle drei stammen aus der Zeit von 1880 bis 1890.
Betrachten wir zunächst den Kavalier: nach seinem Gesichtsausdruck könnte er auch eine Dame darstellen. Sein Körper wurde aus Ziegenleder handgenäht. Ungewöhnlich reich verziert ist seine Originalkleidung aus schwarzem und blauem Samt, rotem Wollstoff und roten Litzen. Der Hut ist auf ein Drahtgestell montiert und wurde aus vielerlei Material gearbeitet.
Über seine Herkunft kann ich nur Vermutungen anstellen. Auf der hinteren Schulter ist F.G. eingraviert, weist also auf die Firma Fernand Gautier (oder auch Gaulthier) hin. Sehr ungewöhnlich für diese Firma ist aber die Zahl 2/–. Außerdem stellte diese Firma selten Puppen mit gemalten Augen her, die in diesem Fall besonders fein ausgeführt sind: Die Augäpfel sind mit zweierlei Blau und Schwarz umrandet; Iris und Pupille stehen am oberen Rand unter dem Lid.
Und nun zu den Damen: Die rechte trägt keine Bezeichnung, kommt aber ganz sicherlich auch aus Frankreich. Sie könnte sogar von der gleichen Firma stammen, weil ihre Augen genauso gemalt sind wie bei ihrem Kavalier. Sie trägt eine alte Mohairperücke auf einem Korkverschluß – eine französische Spezialität. Ihr Kleid wurde einem alten Originalkleid nachgebildet.
Die linksstehende Dame ist aus Holz gedrechselt; ihr Biskuitkopf läßt sich drehen. Der geschlossene Kopf und die flache Basis stellen eine seltene Kombination dar, die im Englischen »flange plus eggshaped« genannt wird. Das blonde Haar unserer Dame besteht aus Tierfell. Die Beine sind aus Holz gedrechselt; rote Strumpfbänder und schwarze Spangenschuhe mit einem kleinen Absatz sind aufgemalt. Das rosa Kleid aus Seide mit echter Spitze und rotem Perlenschmuck ist sehr alt. Diese junge Dame wurde wesentlich kunstvoller gearbeitet als ihre beiden Begleiter. Sie wurde sicherlich nicht in Mengen hergestellt; vielleicht haben wir hier sogar eine Einzelanfertigung vor uns.

DIE GROSSE SCHÖNHEIT

Berühmt ist sie nicht, die Kleine. In keinem Buch fand ich sie beschrieben oder abgebildet. Sie ist 16 cm groß und kommt aus Frankreich. Puppen dieser Größe wurden dort als *poupette* bezeichnet. Sie befindet sich im Originalzustand, ist ganz aus Biskuit gefertigt; die sechs Einzelteile werden durch Gummizüge zusammengehalten. Das Gesicht ist ungewöhnlich breitflächig; die Iris der braunen Augen ist mit einem dunkleren Braun umrandet. Die Hände sind sorgfältig modelliert und weisen sogar an der Innenseite Handlinien auf. Ihre hellblauen Spangenschuhe zieren blaue Schleifen und haben recht hohe Absätze, die vermuten lassen, daß die Puppe um 1900 hergestellt wurde. Über den Hersteller der Puppe kann ich nur Vermutungen anstellen. Laut John Noble gibt es Tausende Puppen der Firma Bru, die keine Marke haben. Da jedoch vor kurzem die erste kleine Puppe mit diesem Firmenzeichen entdeckt wurde, konnte jetzt eindeutig bewiesen werden, daß so bekannte Firmen auch kleine Größen herstellten, bei denen es besonderer Kunstfertigkeit bedurfte.

Ich vermute, daß auch meine Puppe von der Firma Bru gefertigt wurde. Der Gesichtsausdruck, speziell ihre Augen, und die sorgfältige Modellierung der Hände erinnern an den bekannten frühen Typ der *Bru-Têteur*.

Ihre Kleidung läßt keinen Zweifel an ihrer französischen Herkunft: sie ist aus tiefrotem Samt, abgesetzt mit heller Seide, mit der auch die Knöpfe bezogen sind. Der rote Filzhut mit dekorativer Feder vollendet ihre elegante Erscheinung.

MÄDCHEN MIT KIRSCHEN

Die junge Französin blickt versunken auf den kleinen bunten Vogel am Fuße des Kirschbaumzweiges. Es handelt sich hier um eine besonders feine Jumeau-Puppe in Originalkleidung. Ungewöhnlich sind an ihr die zarte Blässe des Gesichts und die blauen Augen: die Pupille ist mit sehr dunklem Blau umrandet. Ihr Mund weist zwei Rottöne auf; die Ohrläppchen sind durchstochen. Der Körper besteht aus Leder und ist an Ellenbogen, Knien und Hüfte beweglich, was im allgemeinen nur bei großen Puppen der Fall ist, selten bei so kleinen wie dieser hier, die nur 30 cm mißt. Ihre Finger wurden mit Hilfe von Drähten unterteilt und einzeln abgesteppt. Die Originalkleidung besteht aus dreiteiliger Unterwäsche und einem blauen Wollmantel mit seidenumsponnenen Knöpfen. Das Hütchen aus weißem Filz ist mit einem blauen Seidenband verziert. Sehr hübsch sind die hohen braunen Lederstiefel, die die Marke Jumeau mit der Größenbezeichnung 0 tragen (0 ist bei Jumeau die kleinste Größe). Ich gab ihr einen Schirm in die Hand, der einen Griff aus Elfenbein besitzt und mit schwarzem Baumwollstoff bespannt ist.

Der 21 cm hohe Kirschbaumzweig diente wohl ursprünglich als Ständer, da sich auf seiner Rückseite zwei Metallringe befinden, die zum Beispiel eine Glasvase halten konnten. Der Vogel ist eine Wiener Kunstbronze.

FRANZÖSIN MIT KOFFER

Die junge Dame will eine größere Reise unternehmen. Vor ihr steht ein großer Koffer, den sie gerade abgeschlossen hat, damit ihr unterwegs nichts abhanden kommen kann. Es ist gar nicht ungewöhnlich, Puppen in großer Garderobe mit einem Reisekoffer zu sehen. Der Koffer ist von einfacher Art und statt mit Leder oder Mäusefell lediglich mit Pergamentpapier überzogen. Die schweren schwarzen Beschläge bestehen aus Papier.

Auch die Kleidung der Dame bestichtnicht gerade durch besondere Eleganz; sie trägt ein maschinengenähtes, verwaschenes Kleid. Ihr Biskuitkopf ist grobkörnig und derb bemalt. Der aus Holz geschnitzte Körper besteht aus fünf Teilen, die mit Gummizügen zusammengehalten werden. Der Kopf dreht sich auf einem Holzkern. Die rote Linie im Augenlid findet man gewöhnlich nicht bei einfachen Puppen, und hier kann sie auch nicht zur Datierung beitragen. Im allgemeinen findet man solche roten Lidstriche vor 1850, meine Puppe ist aber sicherlich erst nach 1870 entstanden.

Ich halte die Puppe für französisch, bedingt durch die einfache Konstruktion und das grobkörnige Material, wie sie ähnliche Modelle aus Frankreich aufweisen.

Porträtgalerie

Ein kluger Sammler wird sich nicht zum Sklaven machen, wenn es um Markierungen geht. Er wird sich hüten, eine Puppe nur deshalb unbeachtet zu lassen, weil sie nur eine »gewöhnliche Marke« trägt.

G. ANGIONE/J. WHORTON

PUPPE
MIT MOHAIRPERÜCKE

Die schönsten unter den erhaltenen Puppenköpfen sind aus Biskuitporzellan. Der Ruhm des Biskuitkopfes wurde vor allem durch die Familie Jumeau begründet, die zwischen 1844 und 1898 die schönsten und bekanntesten Biskuitpuppen herstellte.

ANTONIA FRASER

Die Herstellung von Puppenköpfen reicht an wirkliche Kunst heran.

LÉO CLARETIE

1

2

3

4

5

6

7

8

9

10

11

12

13

15

14

16

17

18

19

20

21

22

23

24

25

26

27

28

29

30

Dem Mädchen bedeutet die Puppe weit mehr als unterhaltsamer Zeitvertreib; sie steht im Brennpunkt der Emotionen, die ein Kindergemüt bewegen. Bald ist sie das Ein-und-alles, dann wieder vollkommen vergessen, einmal wird ihr das Schlimmste verziehen, kurz darauf wird sie für das kleinste Vergehen hart bestraft. Sie wird krank gemacht, gesundgepflegt, ausgezogen, angezogen, geschrubbt und fallengelassen.

META LA ROCHE

VIER UNTERSCHIEDLICHE PUPPEN

Aber was ist eigentlich eine Puppe? . . . ein Gegenstand der Schönheit und Faszination, den man sammelt und hütet.

FAITH EATON

PUPPE MIT MOHAIRPERÜCKE

Aus großen, fragenden Augen blickt uns die Puppe an. Und wir möchten zurückfragen, woher sie kommt, was sie bereits erlebt, wer sie geschaffen hat. Es sind immer die gleichen Fragen, die meist ohne Antwort bleiben müssen.

Das hübsche Fräulein ist nur 25 cm groß; auf dem Körper aus Komposition sitzt ein Kurbelkopf mit besonders schönen Strahlen-Schlafaugen. Über ihre Herkunft geben uns am ehesten die buschigen Augenbrauen Auskunft: wahrscheinlich Frankreich. Sie kann aber auch in Deutschland für den französischen Markt hergestellt worden sein. Besonders auffallend ist ihre Mohairperücke. Viele Puppen tragen solche Perücken, deshalb soll an dieser Stelle etwas über dieses Material gesagt werden.

Mohair stammt von einer ganz bestimmten Ziegenart. Das Rohhaar wird in England unter bestimmten Bedingungen behandelt und versponnen und anschließend von Plüschwebern zusammen mit einem Baumwollgrund zu Mohairplüsch verarbeitet. Diese Beschreibung trifft vor allem auf die Verwendung von Mohair für Stofftiere zu. Aber es ist dennoch das gleiche Mohair, das für die Perücken unserer Puppen verwendet wird, und das nicht zuletzt wegen seiner Länge, seines seidigen Glanzes und seiner Weichheit.

PYTHIA

Diesen Namen gab ich ihr wegen ihres Gesichtsausdrucks. Sie betört, sie schmeichelt, sie blendet, aber sie schaut auch vorwurfsvoll, vieldeutig, vielleicht sogar die Zukunft erahnend.

Bei dieser Puppe wird man am ehesten an die Gesänge der Sappho aus der Antike erinnert, in denen berichtet wird, daß die jungen Mädchen bei der Hochzeit ihre Puppen der Göttin opferten. Dies geschah nicht nur als Symbol dafür, daß nun ein neuer Lebensabschnitt begann, sondern auch, um die Magie zu bannen, die die Puppen auf ihr Leben ausübten. Im Mittelalter verboten Kirchenkonzilien den Frauen, nach der Heirat ihre Puppen zu behalten.

Heute bezeichnet man diesen Eierkopftyp als Belton, und zwar wegen des geschlossenen Biskuitkopfes mit Löchern zum Durchziehen von Gummibändern, um die Perücke zu befestigen. Der Kopf ist über einem Holzkern drehbar, ein Patent der Pariser Herstellerin Rohmer. Der Hersteller meiner Puppe ist mir nicht bekannt; sie stammt aus der Zeit um 1890.

PORTRÄTS

Hier stelle ich nur die Köpfe von etwa 14 cm großen Puppen vor, die sehr selten gezeigt werden, weil es sich hier um billigere Ware handelt, die neben den wertvollen großen Puppen unbedeutend scheint. Ihre Gesichter zeigen jedoch eine sehr eigenwillige Auffassung, und daher erscheint es mir lohnend, diese Porträtgalerie einmal zu zeigen.

Bei diesen Puppen ist es besonders reizvoll, etwas über die Hersteller herauszufinden, die neben den großen, qualitativ besseren Puppen auch Massenware zu niedrigerem Preis produzierten, diese aber häufig mit keinem Markenzeichen versahen. Der niedrigere Preis wurde dadurch erzielt, daß das für den Kopf verwendete Biskuitporzellan von minderer Qualität war, die Bemalung nicht so sorgfältig ausgeführt wurde, der Körper aus unbearbeiteter Kompositionsmasse und die Bekleidung oft nur aus einem einfachen Hemd bestand.

Aber wo und für wen wurden diese Puppen gemacht? Etwa seit 1880 produzierte man in Frankreich und Deutschland gleichartige Puppen. Der Konkurrenzkampf zwischen diesen beiden Ländern war unerbittlich. Man raubte sich gegenseitig neue Ideen, ja ganze Modelle, aber man erteilte sich auch Aufträge für Einzelteile wie Köpfe und Körper. Die Dokumente über diese Zeit existieren nicht mehr, aber schon früh versuchten Forscher, die Unterschiede zwischen französischen und deutschen Puppen herauszufinden (Claretie; D'Allemagne). So bemühten sich die Franzosen vor allem, durch eine sorgfältiger ausgeführte Handarbeit der deutschen Konkurrenz zu begegnen.

Die hier abgebildeten Köpfe sind alle aus Biskuit, der Körper, Arme und Beine aus Komposition. Viele tragen noch ihre Originalkleidung.

Anhand der wenigen Markierungen, die ich fand, sind nur einige Hersteller eindeutig zu identifizieren. Da man sich zu Beginn der wissenschaftlichen Dokumentation der Puppen vor allem mit den größeren Exemplaren beschäftigte, konnten mir auch Fachleute nur wenig weiterhelfen.

Für den wissenschaftlich interessierten Sammler folgen jetzt die Marken und Zeichen, die ich bei meinen Püppchen fand.

1 189, 6/0, Kling
2 14 (von vielen Firmen benutzt)
3 14.15, Gebr. Krauss
4 ohne Marke

5 5/0, Halbautomat, französisch?
6 II 22
7 189, 4/00, Googly, Kling oder Kestner
8 878/2, Heubach?
9 –
10 190/12, eine Kestner-Marke
11 4/0, A.M. oder Heubach
12 12, Halbig/K * R
13 12/31, (siehe unter 15)
14 13, diese Nr. wird von 12 deutschen und ebensovielen französischen Firmen benutzt
15 12/31, diese Nr. wurde von 17 deutschen und ebensoviel französischen Firmen benutzt
16 14, (siehe unter 14)
17 II
18 501/Paris 7/0 SFBJ
19 S & H/K * R
20 ?/R
21 301, 5/0 Unis France
22 –
23 –
24 12, (viele Firmen benutzten sie)
25 französisch
26 französisch
27 –
28 31/14, Kestner & Co.
29 20
30 14.6 0 französisch

Hier stellen sich zehn Schönheiten dem Publikum.
Diese Puppen (Größe zwischen 18 und 20 cm) möchte ich aus verschiedenen Gründen einmal ausführlich beschreiben. Sie werden selten in Fachbüchern abgebildet, weil sich die meisten Autoren mehr für ihre größeren Schwestern interessieren. Auch sehen die kleinen oft weniger schön aus als die großen, nichtsdestoweniger sind sie jedoch für die Puppengeschichte von großem Interesse.
Ihre Markierungen erzählen viel über die Entwicklungsgeschichte der deutschen Puppe und ihrer Hersteller. Schon bei einer so kleinen Gruppe erkennt man, daß es immer eine enge Zusammenarbeit zwischen den Herstellern gab, sei es durch Heirat oder durch Zusammenlegen der Fabrikation. So finden wir Puppen von Simon & Halbig, von Kämmer & Reinhardt, solche aus gemeinsamer Fabrikation und solche, die von Halbig allein hergestellt wurden, andere Puppen tragen Marken verschiedener Betriebe.

Die Zählung geht von links nach rechts, wobei die Nummern 9 und 10 sich auf die beiden Puppen im Vordergrund beziehen.

1. Höhe: 20 cm; Marke: 44.17; Teile: 6; Kopf: Biskuit mit drei Nählöchern, Mohairperücke auf Karton, blaue Augen mit rotem Augenpunkt, feststehende Ober- und Unterwimpern, hellbraun gestrichelte Brauen, rote Nasenpunkte, 4 anmodellierte Zähne, Kinngrübchen; Körper: hellbraune Kompositionsmasse, Gummizüge, schwarze Strümpfe, gelb gemalte Spangenschuhe.

2. Höhe: 17 cm; Marke: Made in Germany; Teile: 12; Kopf: Biskuit, blonde Mohairperücke, blaue Schlafaugen, Ober- und Unterwimpern, hellbraune gestrichelte Brauen, offener Mund mit Oberzähnen; Körper: teils Kompositionsmasse, teils Holz; Arme: dreiteilig, Oberarm, Unterarm, Hände, zum Teil in Holz gedrechselt; Beine zweiteilig mit Halbkugel am Knie.

3. Höhe: 19 cm; Marke: Bild mit Sonne und Strahlen, G K 44/16; Teile: 6; Kopf: Biskuit, hellbraune Mohairperücke auf Leinenunterlage, hellblaue Schlafaugen, Ober- und Unterwimpern, etwa 6 Linien übereinander als mehrstrichige Brauen, punktierte Nase, offener Mund, zwei Zähne; Körper: Kompositionsmasse, Gummizüge; Arme: einteilig; Beine: einteilig, schwarze Kniestrümpfe, kariert und gerippt, braune Schuhe mit zwei Spangen, hellbraune Sohlen.

4. Höhe: 21 cm; Marke: 89 2, seitlich in roter Tinte; Teile: 10, gut geformte Glieder; Kopf: Biskuit, blonde Mohairperücke mit Gips auf Karton (Kestner), braune Schlafaugen mit roten Augenpunkten, Ober- und Unterwimpern, Brauen beginnen mit Blockstrichen, sechsfach gestrichelte Brauen, Ohren durchstochen, rote Nasenpunkte, offener Mund; Körper: Kompositionsmasse, Doppelgummi, Halbkugelgelenke an Schulter, Knie und Ellbogen; rote Hand- und Fingernagellinien; Beine: weiße gemalte Socken mit rotem Rand, schwarze Spangenschuhe, braune Sohlen.

5. Höhe: 20 cm; Marke: HALBIG S & H 3/0, zusätzlich hat diese Puppe auf dem Rücken ein Originalschildchen mit der Abkürzung S.G.D.G. *(Sans Garantie Du Gouvernement).* Man kann annehmen, daß dies eine Puppe war, die für Frankreich angefertigt wurde; Teile: 6, Halbautomat; Kopf: Biskuit, blonde Mohairlocken, blaue Schlafaugen mit Pupillen, gemalte Wimpern, einstrichige Brauen, offener Mund mit Oberzähnchen; Körper: Kompositionsmasse, Metallbindungen; Beine: schwarze Strümpfe, gelbe Doppelspangenschuhe.

6. Höhe: 20 cm; Marke: Heubach, Bild mit Halbmond und Sonne (sog. *sunburst*), No 5689 0/3; Teile: 8; Kopf: Biskuit, Mohairperücke auf Karton, braune Schlafaugen mit Pupillen, gestrichelte hellbraune Brauen, offener Mund mit Oberzähnen; Körper: Kompositionsmasse, Gummizüge.

7. Höhe: 18 cm; Marke: K * R, Halbig /9 (oder 19), Germany; Teile: 6; Kopf: Biskuit, Mohairperücke, braune Schlafaugen, Wimpern, einstrichige Brauen, offener Mund mit 2 Oberzähnchen; Körper: Kompositionsmasse, Gummizüge; Beine: gemalte weiße Strümpfe, braune Spangenschuhe.

8. Höhe: 20 cm; Marke: 1079 2/0, DEP, S & H, Germany; Teile: 6, Halbautomat; Kopf: Biskuit, echte Haarperücke, feststehende blaue Augen mit dunklen Rändern und Pupillen, Wimpern, einstrichige Brauen, offener Mund mit Oberzähnchen; Körper: Komposi-

tionsmasse, Metallzüge; Beine: gerippte und gemalte schwarze Strümpfe, braune Spangenschuhe.

9. Höhe: 16 cm; Marke: K * R, Simon & Halbig, 126 16, Germany; Teile: 6; Kopf: Biskuit, braune Mohairperücke aufgenäht auf Buckram, braune Schlafaugen, Wimpern, feine Brauenlinie. Körper: Kompositionsmasse, Gummizüge; Arme: angewinkelt; Beine: angewinkelt, nackte Füßchen.

10. Höhe: 20 cm; Marke: Halbig, K * R, Germany 2; Teile: 6; Halbautomat; Kopf: Biskuit, Mohairlockenperücke, braune Schlafaugen mit Pupillen, Ober- und Unterwimpern, einstrichige Brauen, Nasenpunkte; Körper: Kompositionsmasse, Metallbindungen; Beine: gemalte weiße Strümpfe, gelbe Doppelspangenschuhe.

Die Puppe links oben hat einen Schulterblattkopf aus Biskuit mit geschlossener Krone; Arme und Beine sind ebenfalls aus Biskuit, der Körper ist aus Stoff. Sie ist 14 cm groß und trägt am Schulterblatt die Bezeichnung S 5/0 H, das heißt, daß sie von Simon & Halbig hergestellt wurde, einer Firma, die von 1869 bis 1925 in Thüringen bestand. Ungewöhnlich an dieser Puppe sind die nackten, besonders sorgfältig modellierten Beine und Füße. Die zwei Eulen dienten sicher einmal zur Dekoration einer Puppenstube.
Rechts oben ist eine Puppe von besonderer Qualität zu sehen. Sie wurde aus Kompositionsmasse gefertigt und besteht aus acht Teilen; sie trägt noch die Originalkleidung. Die Zahlen 192 und 44 verweisen darauf, daß es sich hier um eine Fabrikation der Brüder Knoch, Thüringen, handelt. Laut einer Aussage eines Mitglieds dieser Firma wurde bei der Herstellung von Puppen stark arbeitsteilig produziert, um der Konkurrenz aus dem Ausland mit niedrigeren Preisen begegnen zu können.
Links unten sehen wir eine Mutter mit ihrer Tochter. Beide Biskuit-Puppen dürften kaum zum Spielen gedacht gewesen sein. Die Mutter trägt eine für diese kleine Puppe seltene schöne und recht aufwendige Frisur. Diese Haartracht kann jedoch nicht eindeutig zur Datierung herangezogen werden, da sich bestimmte Moden erst durchgesetzt haben mußten, ehe sie Eingang in die Puppenwelt fanden und sich dann oft sehr lange hielten.
Die Frisur und das blaugoldene Haarband erhielten eine Glanzglasur, während das Gesicht matt blieb, was eine große Kunstfertigkeit voraussetzte. Auch dies ist bei Puppen dieser Größe (19 cm) eine Seltenheit. Ihre Tochter ist ein sogenanntes Badepüppchen aus der Zeit um 1850; heute ist es üblich, diesen Typ als *Charlotte* zu bezeichnen.

Auch die Puppe rechts unten zeichnet sich durch Merkmale aus, die man sonst nur bei größeren Formaten findet: hellgrüne Schlafaugen, Kopfkrone mit Gips verschlossen, Lederstreifen am Halsansatz, Mund in zwei Farben ausgeführt, Hände zu Fäusten geballt, Beine mit ausgeprägten Waden. Die Kniestrümpfe schließen mit einem roten Bändchen ab, die Stiefel haben vier Querspangen. Die Kleidung ist eine alte Häkelarbeit.

Puppenstuben – ein Abbild der Erwachsenenwelt

Kinderspielzeuge waren immer Miniaturspiegel der kunstgeschichtlichen Epoche, in welcher sie gefertigt wurden. Sie eignen sich deshalb auch ausgezeichnet zu Stilkundeübungen, da Kinder schon immer gerne eine naturgetreue Abbildung der Erwachsenenwelt besitzen wollten – die man ihnen dann in Form von Spielzeug überließ.

BARBARA EMDE-NAEGELSBACH

. . . in . . . Puppenstuben wurde erstarrte Zärtlichkeit ausgestellt, angehaltenes Leben.

SIEGFRIED LENZ

DIE ZWEITEILIGE STUBE

DER ROTE SALON

Besitztümer, die wir wirklich geliebt haben, haben ihr eigenes Leben und erleuchten das unsrige. Es verwundet uns tief, sie zu verlieren. Sie sind so zerbrechlich, daß irgendein Mißgeschick sie vernichten kann, und dann ist es, als hätten wir etwas von uns selbst verloren. Wenn wir die kleinen Dinge, die uns einmal glücklich gemacht haben, auch nur vergessen, so ist wirklich etwas in uns gestorben.

VIVIAN GREENE

1

2

3

4

5

6

7

8

9

Wenn in den Puppenhäusern die Küche das Herz des Hauses ist, so ist die Puppenstubenuhr der Pulsschlag, auch ohne Ticken und Schlagen. Ihre Zeiger stehen für immer still und zeigen fünfundzwanzig nach neun oder viertel vor drei an. Nur die Puppenstubenuhren geben uns gnädig die Zeit an, ohne uns daran erinnern zu wollen, daß die Zeit vorübergeht.

FLORA GILL JACOBS UND ESTRID FAURHOLT

Manche Spielsachen sind zugleich eindeutig Kunstwerke und haben als solche ein eigenständiges Dasein und einen eigenartigen Reiz, ganz unabhängig von ihrer Bedeutung als Spieldinge und ihrer Verlockung für Kinder.

ANTONIA FRASER

1

2

3

4

5

6

7

8

9

10

11

12

13

14

15

16

Die Industrie, die immer der Sklave ihrer Kunden ist, hat auf den Geschmack der Kinder achten müssen, um ihnen möglichst zu gefallen, und sie hat begriffen, daß sie dieses Ziel am ehesten erreicht, wenn sie in verkleinerter, aber genauer Nachahmung ihnen das liefert, was sie für die Erwachsenen herstellt.

LÉO CLARETIE

1
2
3
4
5
6
7
8
9
10
11
12
13
14
15
16

Zu den reizvollsten Zutaten der Puppenstuben gehören die Lampen mit (Bristol)-Schirmen, die für uns, die wir süchtig sind nach solchen Dingen, einen Charme besitzen wie Juwelen und begehrenswerter sind als Diamanten. Diese Lampen bringen dem Victorian-Puppenhaus um 1860/80 den letzten Glanz.

FLORA GILL JACOBS UND ESTRID FAURHOLT

1

2

3

4

5

6

7

8

9

10

11

12

13

14

15

16

Im späten 19. Jahrhundert wurden Puppen in Nationaltrachten sehr beliebt. Sie waren von weit besserer Qualität als die modernen Souvenir-Trachtengruppen für Touristen ...

FAITH EATON

Die Beschäftigung des Sammlers mit dem Spielzeug ist höchst bedeutsam. Ohne seine Begeisterung könnte man wohl kaum die Geschichte des Spielzeugs studieren, denn nichts wäre erhalten geblieben.

ANTONIA FRASER

DIE KAMINECKE

Mancher Betrachter dieser Puppenstube wird über das Durcheinander entsetzt sein. Aber wie ich schon früher sagte, müssen Puppenstuben angefüllt sein mit allerlei Kleinkram. Meine Kaminecke – das vollständige Zimmer ist auf S. 66 unten abgebildet – ist echt, das heißt, Tapete und Fußboden gehören hier hinein, ebenso wie der fest eingebaute Kamin. In Puppenhäusern findet man öfter eine Kaminecke, in einer einzelnen Stube aber recht selten. Der Kamin wurde aus Holz gefertigt und in einem Marmormuster bemalt, die große Abdeckplatte besteht aus echtem Marmor. Der reich verzierte Spiegel gehört ebenfalls fest zu dieser Möblierung.
Die Wände zieren ein Messingteller, ein Bild mit dem Spruch »Gott ist getreu«, ein hübscher Kerzenhalter aus vergoldetem Zinn sowie ein ebenso vergoldetes Schlüsselkästchen. Auf der Konsole steht eine schöne blaue chinesische Vase. Außerdem sehen wir auf dem Kamin zwei Kerzenständer und zwei wunderschöne, nur 2 cm hohe tschechische Porzellanfigürchen aus dem 18. Jahrhundert. Natürlich möchten die Puppen den Kamin auch benutzen; zu diesem Zweck befindet sich links neben der Feuerstelle ein kleiner Ständer für die Utensilien zum Feuermachen. Der Boden der Stube ist eine Intarsienarbeit.
Die Schulterblattpuppe aus der Zeit um 1850 fügt sich würdevoll in diesen Rahmen. Ihr strenger Haarstil mit Mittelscheitel, die steifen Biskuithände und -beine mit den flachen gemalten Schuhen zeugen für diese Zeit. Sie trägt die Originalkleidung: Kleid aus roter und blauer Seide; das schwarze Samtmieder ist mit feinen Goldfäden verziert, die weiße, gerippte Samtbluse erhielt Metallschmuck. Der Stoffkörper wurde einst mit der Hand genäht, denn zur damaligen Zeit besaßen höchstens die Schuster eine Nähmaschine. Über ihren Hersteller weiß ich nichts; eine 8 auf dem Schulterblatt sagt in diesem Fall wohl nur etwas über die Größe der Puppe aus, da 32 Firmen eine 8 verwendet haben.

DIE ZWEITEILIGE STUBE

Wohnraum und Schlafraum gehören zu dieser Stube, die durch drei Pilaster (flache Wandpfeiler) unterteilt wird. Die Tapeten stammen aus der Zeit um 1880. Die kleinen Biedermeier-Möbel bestehen aus Birnbaumholz. Besonders sorgfältig sind die beiden Sekretäre und die runden Tische gearbeitet. Den beiden Biskuitbüsten von Goethe und Schiller steht die Büste des Burenführers Krüger gegenüber. In einem alten Spielzeugkatalog der Firma Theodor Krause, Gotha, von 1924 wurden Goethe- und Schillerbüsten für Puppenstuben für drei Mark pro Dutzend angeboten.
Unsere Stubenbewohner sind sehr tierlieb; im Vordergrund erkennen wir viele kleine Miniaturtiere aus England: Hunde, Füchse und sogar einen Elefanten. Überall in den beiden Stuben sind viele der heute so begehrten Nippes zu sehen. Die Bewohner sind alle glasierte Porzellankopf-Puppen aus der Zeit um 1860.

DER ROTE SALON

Hier leben die Großeltern, die Besuch von ihrer Tochter und dem Enkel haben. Die junge Mutter kennen wir schon von dem Photo auf S. 65. Die Stube befindet sich in ihrem ursprünglichen Zustand. Die roten Wände sind mit Goldborten abgesetzt. Die zweifarbigen Vorhänge aus rotem und grünem Samt werden von Messingborten gehalten. Die Möbel sind französischer Herkunft um 1850. Sie erinnern an die »Boulle«-Möbelchen; sie zeigen hier die gleichen feinen Drechsel- und Einlegearbeiten. Abziehbilder machen die Möbel noch interessanter. In den Medaillons erkennt man Früchteschalen, Vögel, Kinder, Statuen und viele dekorative Elemente in Goldimitation.
Die Großeltern sind Puppenstuben-Püppchen aus der Zeit um 1900; es sind Halbbiskuits; das bedeutet, daß nur Kopf und Hände aus Biskuit sind, die an einem Drahtgestell befestigt sind. Sie haben gemalte graue Haare; das Käppchen des Großvaters ist schwarz bemalter Biskuit. Solche Puppen mit anmodellierter Kopfbedekkung werden heute *bonnet dolls* genannt.
Die Stube ist angefüllt mit allerlei Nippes. Auf dem Sekretär rechts sehen wir ein Skelett aus Biskuit. Kleine Wandbretter tragen Blumenvasen, Messingdekorationen und Vogelnester. Im Vordergrund steht eine Champagnerflasche in einem Eiskübel – in Wirklichkeit ein Zentimetermaß. Besonders interessant sind die frühen Fotografien (Daguerreotypien) in Bilderrahmen.

WANDUHREN

Zu einer vollständigen Puppenstubeneinrichtung gehören natürlich auch Uhren, sei es, daß sie auf kleinen Tischchen stehen, sei es, daß sie an der Stubenwand hängen. Sie bestehen aus den verschiedensten Materialien: Holz, Zinn, Weißblech und Bronze. Zu (fast) jedem Stubenstil gab es die passende Uhr!
So wie es für alles Puppenstubenmobiliar kaum Urkunden der Hersteller gibt, so ist es natürlich auch bei den Uhren kaum möglich, die Hersteller ausfindig zu machen. Um so wertvoller sind die heute teilweise neuaufgelegten Preislisten von Märklin und von Frank, München, sowie die noch vorhandenen alten von Theodor Krause, Gotha.
Der Stil solcher Stubenutensilien folgte den Einrichtungen der Erwachsenen. Allerdings mußte sich ein Stil erst durchgesetzt haben, ehe er in eine Puppenstube Eingang fand. Denn die Hersteller sorgten sich um den Absatz, der natürlich von der herrschenden Stilrichtung abhängig war.
Schon damals gab es aber eine Nostalgiewelle – wiewohl anders bezeichnet. Das Alte galt stets als sehr kostbar. So findet man häufig in Puppenhäusern des 18. Jahrhunderts Inventar aus dem 17. Jahrhundert (Vogelsang).
Es folgen kurze Beschreibungen der hier gezeigten Uhren, die alle zwischen 3 und 6 cm hoch sind.

1 Holz, Biedermeier
2 Holz, Stil der »Boulle«-Möbel (Waltershausener Stil 1850–1870)
3 verzinntes Blech
4 Messing, französische Kuckucksuhr
5 Weißblech, bemalt in Holzimitation (Nürnberg)
6 Zinn bronziert (Gründerzeit)
7 Goldblech um 1890
8 Messing, französisch
9 Keramik um 1920 (ursprünglich Mittelstück eines Kinderarmbandes)

DIE SCHÖNSTEN UHREN

Die Tische, auf denen die Uhren stehen, sind aus Bronze, Messing und Zinn. Die Tische zu den Nr. 3, 7, 10, 12 entsprechen Nr. 535, 536, 537 im neuaufgelegten Katalog der Kunstgewerblichen Zinngießerei Babette Schweizer, Diessen.
Der Tisch zu Nr. 1, 4, 6 besteht aus Bronze, französischer Herkunft; zu Nr. 2, 16 ein englischer Messingklapptisch; zu Nr. 9, 13, 14, 15 französische Stanzarbeit aus Zinn.
Seite 68: Zwei Tischuhren im französischen Stil (siehe Tyler, S. 40). Sie sind Nachahmungen der um 1830 beliebten schweren Bronzeuhren mit figürlichen Motiven. Das Material ist Zinn, bronziert.

1 Bronze mit gemaltem Emaillebild, französisch
2 Keramikuhr und Kerzenständer, französisch
3 Goldblech mit grünem Ledereinsatz
4 dünnes, gestanztes Goldblech
5 vergoldetes Weißblech, Jugendstil
6 drei Bronzeuhren
7 Zinn unter Glassturz
8 Zinn mit starker Bleimischung, französisch
9 Zinn mit starker Bleimischung, französisch
10 Weißblech verzinnt
11 Zinn, teilweise vergoldet
12 Holz
13 Küchenuhr, Blech
14 Schreibtischuhr, Zinn, Jugendstil
15 Kompaß in Ebenholzbehälter
16 Zinn unter Glassturz

DIE SCHÖNSTEN ÖFEN

Zum Puppenstubeninventar gehörten schon immer die verschiedensten Wärmequellen: offene Kamine, eingebaute Kachelöfen oder freistehende Metallöfen. Je älter die Stube, desto kostbarer ist die Wärmequelle. Einer Stube ohne Ofen fehlt die Gemütlichkeit. So ist es auch zu erklären, daß man für diese Gegenstände sehr viel Sorgfalt und Phantasie aufwendete. Alle hier gezeigten Öfen stammen aus der zweiten Hälfte des 19. Jahrhunderts. Zum besseren Größenvergleich steht neben jedem Ofen dasselbe Kohlenbecken mit Schaufel; beides kommt von der Firma Märklin.
Meine Öfen sind aus Metall, Zinn, Weißblech (bemalt), Eisen oder Messing; einige sind aus Keramik, der kleinste aus schwarzem Glas. Es handelt sich entweder um freistehende Rundöfen oder eckige Öfen, teilweise noch mit Ofenrohr.
Das Interesse an diesen Puppenstubengegenständen erwachte erst in den letzten dreißig Jahren. Daher ist es sehr mühevoll und meist unmöglich, etwas über die Hersteller herauszufinden. Das Stuttgarter Landesmuseum beherbergt eine ganze Kollektion Öfen der Firma Rock & Graner. Mein Ofen Nr. 12 ist nach Aussage von Chr. Väterlein ein Fabrikat dieser Firma.

Es folgt eine kurze Beschreibung der hier gezeigten Öfen:
Seite 70
Weißblech, grün bemalt (Märklin)
Zinn mit roter Bemalung
1 Weißblech, weiß bemalt, Kachelimitation, Messingtür
2 Weißblech, gelb bemalt, Medaillon, Messingtür (Märklin)
3 Weißblech, weiß bemalt, Kachelimitation, Messingkaminschutz (englisch)
4 Weißblech, weiß bemalt mit typischem Märklin-Aufsatz-Motiv
5 bis 7 Zinn mit roter Bemalung
8 und 9 Blech mit Messingverzierung, schwarz gestrichen
10 schwarzes Glas mit weißer Glasverzierung
11 Badezimmerofen, handbemalt, Märklin Nr. 116
12 Blech, gestanzt, schwarz gestrichen (Rock & Graner)
13 Weißblech, bemalt, mit Messing
14 schweres Zinn, grün bemalt
15 Keramik (englisch)
16 schweres Zinn, grün bemalt

DIE SCHÖNSTEN HÄNGELAMPEN

S. 72 Silberne Lampe im chinesischen Stil, feinste Filigranarbeit, wie sie zum Beispiel auch in Schwäbisch-Gmünd hergestellt wurden.
1 Glasperlen, Glasstäbe und Goldborten schmücken diese beiden Lampen. Im Bestelmeier-Katalog ist das gleiche Modell abgebildet. F. G. Jacobs und V. Greene zeigen ähnliche Lampen
2 Fünfarmige Zinnlampe
3 Ähnliche Zinnlampe wie unter Nr. 2 zu sehen, jedoch stark barockisiert
4 Runde Lampe mit Glaseinsatz an Zinnketten
5 Einfaches Zinngefäß an drei Ketten, wohl eher ein sakrales Gerät
6 und 7 Reich verzierte gegossene Zinnlampen, wie sie heute wieder hergestellt werden
8 Zinnlampe, bronziert
9 Vier Materialien wurden bei dieser Lampe verwendet: grünes Zinngestell, braune Glaskugel, Messingumrandung und grünes Papier als Schirm.
10 Auch hier wurden vier Materialien verwendet: Messinggestell, braune Glaskugel, weißer Beinglasschirm, Klarglaszylinder, die Messingkette ist nicht beweglich.
11 Lampe verziert mit einem Metallgestell und farbigen Perlen
12 Lampe an Messingketten. Der Schirm wird von dem goldbemalten weichen Zinngestell und weißgrünen Perlenschnüren gebildet.
13 Sehr schöne, aus Holz geschnitzte Lampe mit farbigen Holzperlen, Holzglöckchen und Holzblumen aus dem süddeutschen Raum.
14 Jugendstillampe, bemaltes Zinn. Die Glaskugeln habe ich ergänzt. Diese Kugeln entdeckte ich in einem Korb mit Erdbeeren, die als Weihnachtsschmuck dienten. Beim genauen Hinsehen bemerkte ich, daß sie mit rotem Seidenpapier überzogen waren. Ich löste das Papier in Wasser und erhielt so die bis dahin fehlenden Glaskugeln.
15 Elektrische Lampe, starr aus Metall und dreifarbig bemalt.
16 Französische moderne Handarbeit mit goldgefärbten Holzkugeln, Draht, alten Kristallperlen und Verzierungen aus altem Schmuck.

FÜNFUNDZWANZIG PUPPEN

Hier haben wir sie alle beieinander (S. 74/75): Chinesen, Japaner und Mulatten, Spanier und Schotten, den Koch, die Gärtnerin, das Hausmädchen, den Soldaten und den Clown sowie einige sehr elegante Damen. Den Schmuck, den sie tragen – Fächer, Körbchen, Spiegel, Schlüssel und Musikinstrumente – habe ich ihnen in die Hand gelegt.
Fünfundzwanzig kleine französische Püppchen (7 cm groß) sind hier in einem Karton versammelt. Nie habe ich mehr als eines auf einmal bekommen. Trotzdem sind alle von dem gleichen Hersteller. Sie bestehen sämtlich aus Biskuit, und Gummizüge halten jeweils sechs Teile der Puppe zusammen. Während ihre Gesichtszüge sehr einfach gemalt wurden, gab sich der Hersteller mit den Frisuren sehr viel Mühe. Der dunkle Puppentyp erhielt schwarze Löckchen, die blauäugigen helle Haare. Die in der Fabrik hergestellte Kleidung wurde außerordentlich phantasiereich ausgeführt.
Nun warten die Fünfundzwanzig darauf, eine würdige Umgebung zu finden. Diese sehen wir auf Seite 76: Die Stube steht bereit zum Einzug (oben). Es war nicht leicht, das richtige Mobiliar zu finden, da ja alles im richtigen Größenverhältnis zueinander stehen muß. Ich fand fünfundzwanzig »goldige« Sitzmöbel und ließ die Puppen einziehen (unten).

EINZUG IN DAS VERGOLDETE ZIMMER

Die Stube habe ich mit altem Seidenstoff tapeziert. Allerdings verwendete ich die Rückseite des Stoffes, weil hier die Farben gedeckter sind. Hier finden wir fast alles, was ich an »goldigen« Gegenständen besitze. An den Wänden hängen als »Gemälde« zwei Biedermeier-Broschen, in Gold gefaßt. Die eine zeigt ein Miniaturporträt auf Elfenbein, die andere ein Mosaik-Hündchen. Diese Sammlung an winzigem Zubehör ist über viele Jahre hinweg bei mir entstanden. Die schwere Bronzestanduhr (links hinten) ist eine Arbeit der Nürnberger Firma J. A. Issmayer (Väterlein).
Alle anderen Möbel sind sehr wahrscheinlich französischer Herkunft. Sie bestehen zum großen Teil aus Zinn und sind goldbemalt, oder aus Goldblech gefertigt. Einige dieser Goldblechmöbel sind reich verziert und haben in Metall »gedrechselte« Füße und Ständer. Der Schaukelstuhl ist Jugendstil. Die an den Wänden hängenden Spiegel tragen vergoldete Rahmen. Besonders reich verziert und sorgfältig gearbeitet sind das Sofa und die beiden Sessel mit rotem Samtpolster. In Frankreich nennt man diesen Stil »Napoleon III«. Da auch die Firma Märklin sehr viele solcher Möbel herstellte, ist eine genaue Zuordnung fast unmöglich.

Puppenstuben, Zinn, Elfenbein, Glas und Geschirr

Puppenstuben auszustatten repräsentiert eine Vielfalt: Leben, Arbeiten, Spielen, ja sogar Existieren... Wie immer man den Puppenraum ausstattet, er ist immer das Abbild des individuellen Schöpfers.

HELEN RUTHBERG

Manches Herrliche der Welt
Ist in Krieg und Streit zerronnen;
Wer beschützt und erhält,
Hat das schönste Los gewonnen.

J. W. GOETHE

Wenn man weiß,
in wieviele Länder der Erde
diese kleinen Zinngeräte
ausgeführt werden . . .,
dann kann man sich ein Bild
machen von dem nicht zu
unterschätzenden kulturellen
Einfluß, der von so
unscheinbaren Gegen-
ständen ausgeht.

BRUNO SCHWEIZER

MEINE
ZINNSAMMLUNG

1

2
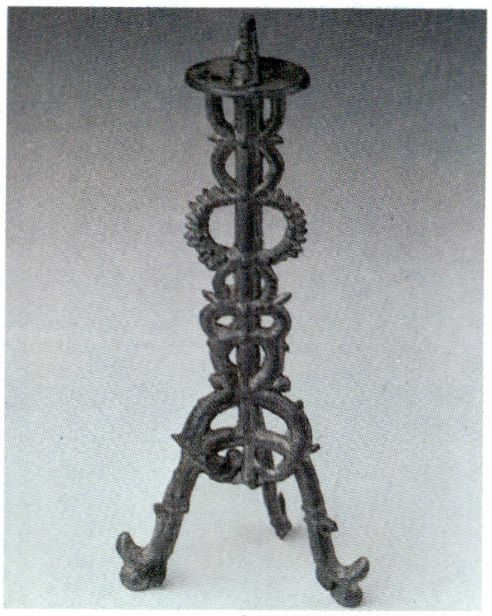
3

4

5

6

7

8

9

10

11

12

13

14

15

16

KUNSTVOLLES ELFENBEINKÖRBCHEN

STUHL UND VOGELKÄFIG

Es liegt viel Schönheit in Kleinheit. Man erlebt den Charme von Zeichnung, Farbe und Ausstrahlung, weil man durch Zusammenstellung und Gegenüberstellung so viel mehr erkennt. Und es verschwinden all die Fehler und Verunstaltungen, die so untrennbar vom Anblick lebensgroßer Dinge sind. Es ergibt sich eine Nähe und Feinheit, die dem Auge und Gemüt angenehm ist.

A. C. BENSON

DIE ELFENBEINSTUBE

ELFENBEINREGAL
UND
FLASCHENSTÄNDER

GARTENLAUBE

DER GRÜNE SALON

DIE GELBE KÜCHE

Im Vergleich zu einer heutigen Küche, die nur noch aus einer einheitlichen Schrankwand mit eingebauter Spülmaschine, Kühlschrank und Backofen besteht, erscheint so eine alte Küche wie ein Wunderland der Formen und Farben, wo es glänzt und gleißt, silbriges Zinn strahlt und rotes Kupfer und goldenes Messing leuchtet und sich die Glasuren von Schüsseln und Tellern farbenfroh von dem schwarzen Eisen abheben.

JOHANNA KUNZ

Eine der größten Bereicherungen, die man durch das Sammeln, besonders von Puppenhaus-Gegenständen, erfährt, ist die, daß dem Leben eine neue Dimension gegeben wird, die des bewußteren Wahrnehmens.

MARIAN MAEVE O'BRIEN

Seit den allerfrühesten Zeiten hatte man den Gedanken, im kleinsten Format alles das für die Kinder zu reproduzieren, was auch zum wirklichen Leben gehört.

HENRY RENÉ D'ALLEMAGNE

In jedem, der seine Antiquitäten ernst nimmt, steckt ein bißchen von einem Sherlock Holmes. Die Fragen nach dem was, warum, wann und wo sind ein Teil seines Vergnügens. Die Antworten, wenn er sie findet oder jemand anders sie für ihn findet – er fragt immer andere aus, um diese an seinem Vergnügen teilhaben zu lassen –, werden als persönliche Triumphe über Zeit und Raum betrachtet.

MARCIA RAY, REVI, A.CH., SPINNING WHEELS . . .

STÜHLE AUS GÄNSE- UND HÜHNERFEDERN

PUPPENSTUBE
MIT
FARBLITHOGRAPHIEN

Wer je gespielt oder
Spielenden zugeschaut hat,
weiß, daß es nichts Ernsteres
gibt als das Spiel.

HANSGERD SCHULTE

»Lithophanien sind Porzellanbilder, bei denen in eine dünne, unglasierte Biskuitporzellanplatte ein Relief so eingepreßt wird, daß bei durchscheinendem Licht die dünnen Stellen in Abstufungen als Lichter und die dikken als Schatten wirken. Diese Porzellanbilder kommen in Berlin in der ersten Hälfte des 19. Jahrhunderts auf und waren als Lichtschirme, Fensterplatten und ähnliches beliebt.« (Brockhaus) Nach dem Lexikon der Kunst kamen »Lithophanien zuerst 1827 in Paris und wohl auch in Berlin auf. Sie werden auch als Diaphanbilder bezeichnet«.

Hier stellen wir drei Puppenstuben-Lithophanien vor; zum Größenvergleich zeige ich links eine große Lithophanie, die ich einer Lampe entnahm. Alle vier Porzellanbilder zeigen Motive aus dem Kinderleben. Auf dem großen Bild sehen wir zum Beispiel zwei kleine Kinder, die »Photograph« spielen. Zur Beleuchtung verwendete man Kerzen (unteres Bild). Lithophanien dienten auch als »Nachtlichter für Kinder-Nachttische« (Wechsler-Kümmel).

Und nicht nur die Kleinen erfreuten sich an den Lithophanien. Nach einem Bericht von Schwabe soll Goethe schon 1826 als Geschenk eine Diaphanie-Lampe erhalten haben, die er stolz seinen Gästen vorführte.

Es gibt noch eine hübsche Anekdote über Goethe; sie befindet sich an verborgener Stelle, und ich möchte sie hier einmal wiedergeben:

Goethe machte, wie jeden Morgen, seinen Spaziergang im Weimarer Park. Dabei fand er im nassen Gras eine übernächtigte Puppe, die Kinder beim Spiel liegengelassen hatten. Er kannte diese Puppe, es war Frieda. Zur Überraschung des Parkwächters übergab er sie ihm mit der genauen Adresse, wo sie abzuliefern sei. Als Theaterdirektor der Weimarer Bühne hatte er diese besonders schöne Puppe oft kommen lassen, wenn eine der Schauspielerinnen ein Baby im Arm halten sollte. An einem solchen Abend, wenn Frieda auf der Bühne erschien, hatten ihre Besitzer Freikarten. Frau H. v. Oehlschläger erzählt diese Geschichte aus dem Leben ihrer Großeltern, den einstigen Besitzern von Frieda (Katalog des Hohenzollern Gewerbemuseums, Berlin, Nr. 191, S. 15).

Auf der Doppelseite 84/85 zeige ich einen Teil meiner Zinnsammlung; die Seite 86 enthält einige besonders schöne Stücke, die ich im einzelnen kurz beschreiben werde.

Da über die Geschichte »feiner Zinnwaren« so gut wie gar nichts veröffentlicht ist, möchte ich hierüber ein wenig berichten. Die Literatur über normale große Zinngefäße ist dagegen recht umfangreich.

Die Geschichte des Zinns reicht bis ins 4. Jahrtausend v. Chr. zurück. In Europa werden im 12. Jahrhundert im Erzgebirge die ersten Zinngruben entdeckt, und 1285 tritt in Nürnberg die erste Vereinigung von Zinngießern auf. Seit der Mitte des 18. Jahrhunderts beschäftigen sich in Oberbayern und Thüringen Zinngießereien mit der Herstellung kleiner Zinngeräte. In Diessen gab es 1773 schon fast 600 Heimarbeiter. Bereits 100 Jahre früher fertigte man in Straßburg aus diesem Material Puppenstubenzubehör, und zwar entstanden in der Hauptsache Nachahmungen von Silbermöbeln und anderen Miniaturen aus Silber, die in den Niederlanden hergestellt wurden.

Durch verschiedene Legierungen und unterschiedliche Oberflächenbehandlungen entstand eine große Vielfalt; jeder Stil, vom klassischen über den barocken zum Jugendstil, ist vertreten. Datierungen der Zinnminiaturen sind ebenso schwierig wie bei den Puppen und dem Puppenzubehör; eine kleine Hilfe ist, daß gegen Ende des 19. Jahrhunderts hier wie bei anderen Gegenständen die Bezeichnung »Germany« oder »France« vermerkt sein mußte. Auch in der Schweiz und in Spanien stellte man Spielzeug aus Zinn her.

In der Kleinzinngießerei von B. Schweizer, Diessen, die 1796 gegründet wurde, haben vier Generationen die Tradition dieser Firma fortgeführt. Man bewahrt dort noch Kataloge und Verzeichnisse der Gegenstände fast des ganzen 19. Jahrhunderts auf. Der Katalog von 1850 zeigt unter anderem viele feine Filigranarbeiten. Eine weitere Kleingießerei ist die Firma Ratgeber am Ammersee. Die Ausfuhr von Puppenspielzeug aus Zinn wurde allerdings von Nürnberg beherrscht.

Heute werden in Amerika wie in Europa Zinnartikel in alten, noch vorhandenen Formen neu gegossen, meist für Puppenstuben oder als Andenken für Touristen.

Die Zinnminiaturen gehen auf silberne Vitrinenstücke des 18. Jahrhunderts zurück; wegen des hohen Silberpreises verwendete man später Zinn und billigere Metalle. Waren die Gegenstände zunächst Liebhaberstücke für die Erwachsenen, so tritt in der Mitte des 19. Jahrhunderts die Herstellung von Puppenstubenmöbeln und Zubehör in den Vordergrund.

Die ersten Formen erhielt man durch Güsse in Stein, vornehmlich Schiefer; die Metallgravur entstand erst später. Neben dem reinen Zinn, das sehr weich ist, gab es Legierungen mit Kupfer, Eisen, Blei und Messing. Je nach der Legierung unterscheidet man auch heute noch zwischen englischem Feinzinn und dem dunkleren Lotzinn. Da das Grau des Zinns nicht immer der Mode entsprach, verfremdete man den ursprünglichen Metallcharakter durch Farbe. In Frankreich zum Beispiel sollte seit dem 17. Jahrhundert Zinn mehr dem Holz ähnlich sehen, so verwendete man Asphaltum zur Bemalung. Einzelne Teile wurden auch vergoldet, um Messing vorzutäuschen. Mit Vorliebe aber gebrauchte man blaue und rote Lasurfarben, die das Metall noch durchscheinen ließen.

In Amerika waren einige Spielzeughersteller bekannt für schöne Filigranarbeiten. In New York entstand 1848 eine Werkstatt, die über 100 Jahre Filigran-Puppenhausmobiliar anfertigte.

Die Modelle vieler in Amerika auf den Markt gebrachten Zinnspielsachen stammten aus Europa. Erst später begann man hier mit eigenen Entwürfen. Aber die englischen und deutschen Miniaturen – auch aus Messing und Kupfer – behielten ihren guten Ruf. Und heute werden in Europa viele Zinnspielsachen nach amerikanischen Vorlagen gefertigt.

Im Laufe der Jahrzehnte wurde die Arbeit immer mehr mechanisiert; auf der anderen Seite entwickelte man aber auch neue Methoden für eine individuellere Oberflächenbehandlung. Nach dem in England erfundenen Abziehbild-Verfahren folgte 1890 das ebenfalls dort erfundene Lithographieren auf Metall.

An den wenigen Beispielen aus meiner Sammlung läßt sich ein Überblick über die künstlerische Entwicklung des Zinns vom 19. zum 20. Jahrhundert gewinnen. Während des 19. Jahrhunderts überwiegt Historisches, ein Experimentieren mit verschiedenen

Stilarten und mit verschiedenen Herstellungsmethoden. Erst in den Jahren 1890 bis 1914 wenden sich Künstler dem Zinn zu. In den Räumen um Köln, Krefeld, Darmstadt und München wurden eigenständige Kunstwerke aus Zinn geschaffen, die allerdings teilweise vom Glas und der Möbelkunst beeinflußt waren. »Doch brach die Produktion jäh wieder ab, durch die unerschwinglich gewordenen Rohstoffpreise, die der Erste Weltkrieg besiegelte« (E. Wagner). Meine Beispiele unter Nr. 13 bis 16 gehören dieser letzten, kurzen Glanzperiode an.

Es folgen kurze Beschreibungen der Gegenstände auf S. 86.

1 2,5 cm, zwei Kerzenhalter, sehr weiches Zinn
2 10 cm, Altarkerzenhalter, Barockstil
3 10 cm, seltene gotische Form
4 6 cm, dreiarmiger Kerzenhalter mit Gußnähten
5 2 cm, zwei Nachttischkerzenhalter
6 7 cm, Besteckhalter
7 6–10 cm, Waschtisch mit Beinglaseinsätzen (Ortmann, S. 60)
8 10 cm, Schwingspiegel (Diessen, Nr. 540)
9 5 cm, Karaffen mit Gläsern, Barockstil
10 3 cm, Bierhumpen mit Glaseinsatz, Barock
11 9 cm, Diaphan in Zinnrahmen (nach 1870)
12 6 cm, Früchtestand mit Beinglasvase (um 1890)
13 4 cm, Krug, Jugendstil
14 4 cm, Teekanne, strenger Jugendstil (Wiener Art)
15 5 cm, Karaffe mit Glaseinsatz, weicher Jugendstil
16 3 cm, drei Kerzenleuchter, strenger Jugendstil

KUNSTVOLLES ELFENBEINKÖRBCHEN

Das hier gezeigte Körbchen ist nicht für Kinder oder Puppenstuben, sondern wahrscheinlich als Schmuckbehälter gedacht. Es besteht aus sechs gleichen Seitenteilen und dem Boden; rote Bänder halten dieses wundervolle Stück zusammen. Neben dem Elfenbeinkorb sitzt auf einem Elfenbeinstuhl ein 5 cm großes Püppchen der frühen Biskuitsorte mit Drahtverbindungen.

STUHL UND VOGELKÄFIG

Schon in den sehr kostbar ausgestatteten Puppenstuben des 18. Jahrhunderts finden sich Elfenbeinmöbel dieser Art; die beiden hier gezeigten Stücke sind zum Teil braun bemalt und zeichnen sich durch eine ganz besonders feine Ausführung aus. Die Sitzfläche des Stuhls gleicht feiner Spitze, ist jedoch aus Elfenbein kunstvoll geschnitzt. Die bemalten Beine und die Rückenlehne sollen ein Geweih vortäuschen. Ich habe nur noch einmal ähnlich gemaltes Elfenbeingeweih gesehen: eine Puppenstanduhr bei Vivian Greene.

Eine eigenwillige Arbeit von besonderem Reiz stellt der zerbrechlich wirkende Vogelkäfig dar. Seine nadeldünnen Stäbe wurden in den Boden eingelassen. Das nur 1 cm hohe Türchen läßt sich sogar öffnen. Das Huhn, das hier mein Stilleben stört, paßt zwar kaum in den Käfig, ist aber eine Rarität, da es ebenfalls aus Elfenbein ist.

Früher wandten sich auch die Frauen dem Handwerk des Elfenbeinschnitzens zu. Es gab spezielle Schnitzwerkstätten in Klöstern und an den Höfen.

DIE ELFENBEINSTUBE

Diese Puppenstube ist sehr klein: 17 cm hoch, 15 cm tief und 32 cm breit. Sie ist überfüllt, aber Puppenstuben dürfen, ja müssen überfüllt sein (Vivian Greene). Die Bemalung der Stube sowie die Tapete sind original.
Außer den sechs kleinen Biskuit-Püppchen sind alle Gegenstände aus Elfenbein oder Bein: sieben geschnitzte Hündchen (ein solches Elfenbeinhündchen aus römischer Zeit befindet sich im Museum in Kopenhagen), fünf Aquarelle in Elfenbeinrahmen, ein Eckaltar, zwei Blumenvasen (die eigentlich zur Aufbewahrung von Stricknadeln gedacht waren), ein Flötenspieler, ein Nähtisch mit allem Zubehör (die Schere mißt 1 cm), ein Spinett, zwei Flügel, ein Bettchen, eine Spiegelkommode, verschiedene Kerzenständer mit Elfenbeinkerzen sowie winzige Möbelchen, die nur 1 cm hoch sind.
So, wie die Stube jetzt aussieht, könnte man meinen, alles habe dort von Anfang an hineingehört; tatsächlich habe ich aber alle Teile einzeln erstanden und dies in vielen Jahren.
Nicht nur der Elefant liefert für die Schnitzer das wertvolle Material, sondern auch das Nilpferd, der Pottwal und der Narwal. Die Kunst der Elfenbeinschnitzer geht leider immer mehr zurück, weil Kunststoffe das Elfenbein immer mehr verdrängen, da sie einfacher zu beschaffen und leichter zu bearbeiten sind.
Über Miniaturen aus Elfenbein gibt es nur wenig Literatur; verschiedene Autoren haben über ihre eigenen oder Museumsstücke geschrieben (Christa von der Marwitz, Charlotte Angeletti, Marian Maeve O'Brien).

ELFENBEINREGAL UND FLASCHENSTÄNDER

Sehr alt (etwa ausgehendes 18. Jahrhundert) ist das feingeschnitzte offene Regal mit den winzigen Tellern, Tassen, Krügen, Schalen und Bestekken. Das Regal ist 8 cm hoch. Berchtesgaden war um 1800 für solche feinen Elfenbeinschnitzereien berühmt. Das Münchner Stadtmuseum zeigt eine Reihe feinster Elfenbeinarbeiten, die von Charlotte Angeletti ausführlich beschrieben wurden.

GARTENLAUBE

In der kleinen Elfenbeinlaube stehen Tisch, Bank und zwei Stühle. Die Laube mißt bis zum Elfenbeinfähnchen nur 12 cm. Die sechs Seitenwände und das Dach bestehen aus einem dekorativen Gitterwerk. Die Säulen wurden in den mit einem Muster versehenen Boden eingelassen. Das Mäuschen vor dem Eingang stammt aus einer späteren Zeit.
Gartenlauben gehören zum Puppenstubenzubehör, aus Elfenbein sind sie aber sehr selten. Der hier gezeigte Stil kam in Deutschland um 1870 auf. Prinzessin Victoria, Gattin Friedrichs III. (1888), pflegte diesen klassizistischen Stil, der von England beeinflußt wurde.

DER GRÜNE SALON

Die Farben Grün und Rosa beherrschen den von mir gestalteten Salon, dessen einzelne Stücke ich über Jahre hinweg zusammengetragen habe. Als Tapete habe ich handkolorierte Illustrationen aus einem alten Kinderlehrbuch verwendet, die Menschen bei der Kaffee-Ernte zeigt. Im 18. Jahrhundert war es durchaus üblich, seine Wohnräume mit vergleichbaren Tapeten zu versehen, wie die Sammlung im Deutschen Tapetenmuseum in Kassel zeigt.

Der Teppich ist handgestickt. Der Kamin aus grüner Keramik hat einen Feuerschutz aus Kupfer. Die mit grüner Seide bezogenen Möbel stammen aus der Mitte des 19. Jahrhunderts, die Kommode ist Barock. Auf dem Sims habe ich Miniaturen aus Glas aufgestellt, auch die Kerzenständer sind aus diesem Material. – Wie vielfältig die Entwicklung der Glasformen war, kann man im Glasmuseum in Wertheim verfolgen, das allerdings nur wenige Glasminiaturen ausstellt.

Die Dame in meinem Salon ist eine Schulterblatt-Puppe. Sie trägt keine Marke, aber ich vermute, daß sie von Simon & Halbig gefertigt wurde.

DIE GELBE KÜCHE

Es war ein großer Zufall, daß ich bei einem alten Buchbinder noch echtes altes Vorsatzpapier entdeckte. Ich brauchte es so nötig, um meiner alten Küche die richtige Tapete und den »richtigen« Kachelboden zu geben. Die Sammlung der gelben Metallmöbel verlangte nach solchem Hintergrund. In der Küche stehen zwei Schränke mit Fliegengitter, eine Anrichte, ein Eier-Wandschränkchen, ein Wasserspender an der Wand, mehrere Tische und Stühle sowie ein Spültisch. Alles ist aus Weißblech und wurde so bemalt, daß es Holzmöbeln gleicht. Beim näheren Hinsehen entdecken wir Eimer mit den Aufschriften »Fenstereimer«, »Besteckeimer«. Wir finden einen Briefkasten, eine Uhr, einen Deckelhalter, eine Kochkiste, eine Waage, ein »Mehlfaß«, ein Fliegengitter für Kuchen, viele Töpfe und Krüge aus Keramik, einen Brotkasten mit der Aufschrift »Unser tägliches Brot gib uns heute«, allerlei Eßwaren, Zuckerrohr, Bonbongläser, Eier.

Fünf Personen befinden sich in der Küche, aber der Koch regiert. Ein kleines Kind sitzt in einem gemalten Blechstuhl und spielt mit winzigem Blechspielzeug; das Ganze ist aus einem Stück ausgestanzt.

Sehr viele der alten Möbel stammen von der Firma Märklin; auf Grund eines neuaufgelegten Katalogs konnte ich einiges identifizieren. Auch der neuaufgelegte Katalog der Firma Albert Frank von 1903 (E. Stille, P. Beitlich) gab mir viele nützliche Hinweise auf altes Kücheninventar. Eine genaue Datierung der Gegenstände ist nicht möglich, da diese über Jahrzehnte hinweg hergestellt wurden. Nur die Kochkiste stammt ohne Zweifel aus der Notzeit des Ersten Weltkrieges.

FEINE GLASWAREN

Um die Größe des auf den zwei Bildern gezeigten Puppenstubenglases zu verdeutlichen, wurde hier Porzellangeschirr in Normalgröße mit aufgenommen. So viel Literatur es über normalgroßes Glas gibt, so wenig findet man über Miniaturglas. Es ist daher schwierig, diese Gegenstände hinsichtlich Hersteller und Machart zuzuordnen. Dies wird noch dadurch erschwert, daß fast gleichzeitig in mehreren Ländern kunstvolle Miniaturglas-Gegenstände fabriziert wurden. Die berühmtesten kamen wohl aus Italien, wo man sie noch heute, vor allem in Murano, findet. Auch in einigen Teilen Deutschlands stellte man ähnliche Kunstwerke her. Französische Glasbläser führten ihre Kunst in England ein, wo vor allem in Nailsea, Bristol und Birmingham Glasminiaturen hergestellt wurden. Man unterscheidet bei diesen kleinen Glaswaren hauptsächlich zwischen gesponnenem (spunglass) und geblasenem (blownglass) Glas.

Das obere Bild zeigt Teile eines Tee- und Kaffeegeschirrs aus Beinglas (englisch: Bristolglass, französisch: Opalin). Das Wort »Bein« bezieht sich auf die undurchsichtige Knochenfarbe, »Opalin« auf die Ähnlichkeit mit dem Opal, und »Bristol« weist auf den englischen Herstellungsort hin; von hier kommen übrigens auch die ersten Puppenglasaugen. Den Effekt des schwach schillernden Glases erreicht man durch Zusätze verschiedener Kristalle, Soda und Quarz. Die deutschen Glasbläser, vor allem in Lauscha und Passau, hatten eine jahrhundertelange Tradition, nicht zuletzt durch das Herstellen von Weihnachtsschmuck. Außerdem arbeitete man dort schon früh mit farbigen Glasstäben.

Meine hier gezeigten Gläser stammen aus der Mitte des 19. Jahrhunderts. Noch heute kann man ähnliches kaufen, doch ist die Arbeit nicht mehr so sorgfältig ausgeführt.

Das gefrorene Charlottchen auf der Schildkröte stammt aus der Zeit um 1850. Diese kleinen Figürchen waren eigentlich sogenannte Vitrinenstücke.

Die Gläschen auf dem unteren Bild mit den roten Pünktchen kommen wahrscheinlich aus England, wo diese Art (hobnail) sowohl in Bristol wie auch in Nailsea hergestellt wurde. Daneben liegen auf dem Eßteller Gläser aus weißem und rotem gesponnenen Glas, die wahrscheinlich in Venedig hergestellt wurden.

DER KÜCHENGESCHIRRSCHRANK

Dreimal zeige ich den gleichen Küchenschrank. Nur habe ich ihn mit verschiedenen Puppenküchengeschirren versehen. Der Schrank selbst gehört zu dem um 1890 beliebten Stil für Kinderspielküchen. Alle von mir hier eingeräumten Gegenstände stammen aus der gleichen Zeit; sie sind aus Steingut, Porzellan und Glas und etwa hundert Jahre alt.
Der kleine Puppenkoch ist 8 cm hoch und steht hier nur als Symbol. Er ist eigentlich ein Badepüppchen aus der Zeit um 1850. Sein blondes Haar ist gemalt und glasiert. Er ist mit einem eng anliegenden Häkelanzug, einer Drillichschürze und einer Kochmütze ausstaffiert.
Porzellane, wie ich sie hier vorstelle, werden auch heute wieder für Erwachsene hergestellt, sogar mit ähnlichen Aufschriften. Als Beispiel betrachte man das untere linke Bild, auf dem rechts außen eine »coffee taste cup« zu sehen ist. Das Bild rechts unten zeigt Behälter für Würstchen und marinierten Fisch; solches Geschirr kommt heute wieder in Mode.

STÜHLE AUS GÄNSE- UND HÜHNERFEDERN

Selbst Experten mögen solche Stühle noch nie gesehen haben. Und wer ein solch ungewöhnliches Stück besitzt, meint sicher, als einziger eine solche Kostbarkeit in seiner Sammlung zu haben. Die Frage aber, wer sie hergestellt hat und wieviele es von ihnen gibt, muß offen bleiben. Ihre Ausführung zeigt großes fachmännisches Können. Sie waren bestimmt zu keiner Zeit Massenware, obwohl sie vielerorts anzutreffen sind.
Ich zeige hier fünf Stühle; der größte und der kleinste sind noch einmal einzeln abgebildet. Der größte Stuhl ist 9 cm hoch, der kleinste 5 cm. Die beiden größeren Stühle sind aus braunen, die drei kleinen aus weißen Federn. Die Federn sind angeschnitten und wurden mit Stecknadeln zu einem Stuhl zusammengefügt; der größte enthält 28, der kleinste 22 Nadeln. Der Künstler hat alle Federn so geschnitten, daß sie Holzstühlen nicht unähnlich sind. Von besonderer Raffinesse zeugt der kleinste Stuhl, dessen Federn zusätzlich ein Zackenmuster bilden. Die weißen Stühlchen erhielten rote Samt- bzw. Seidenkissen, die beiden braunen haben ein Sitzpolster aus Federn. Daß die Federkiele nicht einmal durch das Einstecken der Nadeln gesplissen sind, zeigt die Hand eines Meisters.
Vergleichbar mit diesen Federnstühlen erscheinen mir die Puppenstubenmöbel in Amerika um das Jahr 1850 aus trockenen Tannenästchen, die auch mit Nadeln zusammengefügt wurden (M. O'Brien).
Ich habe verschiedene Fachleute gebeten, mir über meine Stühle Näheres zu sagen. Sehr viel mehr kam dabei nicht heraus, als daß um 1850 solche Federnstühle in Mode waren.
Audrey Johnson hat lange Zeit angenommen, solche Möbel seien Einzelanfertigungen (*home made*), bis sie in einem Londoner Auktionshaus eine Originalschachtel mit sechs Feder-Schaukelstühlchen sah, deren Rükenlehnen wie Leitern gearbeitet waren und offenbar eine Handelsware darstellten.
Auch Pauline Flick berichtet über Federnstühle, deren Sitz geflochtene Strohsitze imitieren, ähnlich wie bei meinen beiden braunen Stühlchen.
Das Nürnberger Spielzeugmuseum beherbergt aus Pfauenfedern hergestellte Stühle.

PUPPENSTUBE MIT FARBLITHOGRAPHIEN

Wir sehen hier eine recht kleine Stube, sie ist 30 cm breit, 14 cm hoch und hat eine Tiefe von nur 15 cm.
Besonders bemerkenswert sind hier die Wände. Es handelt sich um Farblithographien, die wohl für Stuben dieser Größe angefertigt wurden; Sockel und Deckenleisten passen ganz genau. Wahrscheinlich gab es diese bedruckten Papiere in mehreren Versionen, denn die Tapeten der Seitenwände meiner Stube sind zwar im gleichen Stil hergestellt, aber an den breiten Seitenstreifen fehlen die Blumenmuster. Der Fußboden weist das für die damalige Zeit typische dreifarbige Fliesenmuster auf.
In der Stube befinden sich 14 winzige, nur etwa 3 cm hohe Biskuitpüppchen; auch Mobiliar ist reichlich vorhanden und stammt aus der Zeit um 1900. Die Püppchen, deren Glieder mit Draht verbunden sind, haben gemaltes blondes Haar. Lustig ist ihre gehäkelte Kleidung anzuschauen. Unter den Bewohnern befinden sich zwei Rotkäppchen und ein Jäger mit Zinngewehr, die besonders liebevoll gearbeitet sind. Auch ein gehäkelter Teddybär gehört dazu; er ist ein überhäkeltes Püppchen. Jäger und Teddy sind noch einmal gesondert abgebildet.
Da es derartige Häkelpuppen in mehreren Sammlungen gibt, müssen sie wohl bereits so bekleidet den Hersteller verlassen haben.
Die Möbel sind alle aus Zinn. Der große Ofen ist 9 cm hoch und besteht aus einer schweren Zinnlegierung; einige Felder wurden rot bemalt. Der Katalog der Firma Theodor Krause, Gotha, bietet 1924 einen solchen Ofen an. Das langgestreckte Sofa ist französischer Herkunft. Alle übrigen Möbel stammen aus deutschen Kleinzinngießereien in Thüringen (Gotha) oder Bayern (Diessen am Ammersee). Da heute noch die alten Formen Verwendung finden, ist es natürlich nicht einfach, die Miniaturen zu datieren. Ein Unterschied besteht oft in der Bemalung mit Gold. Ein besonders schönes Stück ist die alte Zinn-Stehlampe mit dem roten Seidenschirm.

Puppenspielzeug, Nippes und Badepuppen

Diese Lust, Gegenstände und Personen des Alltagslebens im verkleinerten Maßstab darzustellen, die heute den kleinen Kindern vorbehalten ist, findet sich in einer volkstümlichen Kunst und dem dazugehörigen Kunsthandwerk wieder, die ebensosehr zum Ergötzen der Erwachsenen wie zur Zerstreuung der Kinder bestimmt sind.

PHILIPPE ARIÈS

Tiere als Spielzeug sind schon immer geeignet gewesen, das Kind auf ein gutes Verhältnis zu anderen Lebewesen hinzuweisen, und bieten auch heute noch eine Möglichkeit zur Erziehung der Kinder im Sinne humanitären Denkens.

OTTO KEIL

Wenn wir die Zeitschrift »Le Bon Génie«, die speziell für Kinder redigiert wurde (1826) öffnen, so ersehen wir, daß all die kleinen Gegenstände, die gegen Jahresende (Weihnachten) bei uns (Frankreich) ankommen, in Deutschland bei den großen Manufakturen hergestellt worden sind.

HENRY RENÉ D'ALLEMAGNE

Die Nippesgegenstände waren früher zugleich Spielzeug. Die Sprachentwicklung hat das Wort Nippes (bibelot) von seiner kindlichen und volkstümlichen Bedeutung entfernt.

PHILIPPE ARIÈS

Wer sich für Antiquitäten interessiert, steht früher oder später der traurigen Wahrheit gegenüber, daß er zu wählen hat zwischen Spezialisierung oder Vielfalt. Der Spezialist wird ein viel größeres und tieferes Wissen ... haben, als der impulsive Entdecker immer neuer Gebiete sie haben könnte. Für den Spezialisten hingegen werden interessante Tatsachen über sein Spezialgebiet eine Quelle großer Befriedigung sein.

JEAN LATHAM

Tragant wurde schon lange für Konditorwaren verwendet. Seit dem 17. und 18. Jahrhundert stellte man daraus auch Puppen her ... Die winzigen Gestalten waren sehr sorgsam modelliert und bemalt. Man sah unter ihnen die Berliner Volkstypen ... wie etwa Marktfrauen.

KARL GRÖBER/JULIANE METZGER

Die Herstellung von Tragantfiguren war eine beliebte Beschäftigung der Zuckerbäcker. Eine Masse aus Mehl, Zucker und Tragant wurde in Formen gepreßt, die man nach dem Erstarren bemalte ... Meist sind es flache Figürchen, Modedamen, Kinder, Soldaten, Reiter, auch ganze Zimmer-Einrichtungen, wie die berühmten Straßburger Wochenstuben.

K. GRÖBER/J. METZGER

Der Blick nach den Sternen ist eine traditionelle Möglichkeit,
sich über das Geschick der Kleinen zu beruhigen.

THEO GANTNER

DER STERNGUCKER

ZWEI KINDLIBRINGER

In der Perlenbläserei fanden die Lauschaer eine Möglichkeit, die Hüttenprodukte an einer eigenen kleinen Arbeitsstätte vor der Lampe weiterzuverarbeiten. Vermutlich in der zweiten Hälfte des 18. Jahrhunderts begann man in Lauscha unter ungünstigen Bedingungen mit der Perlenfertigung.

EVA STILLE

Die USA-Abnehmer unterhielten eigene Einkaufshäuser in Thüringen. Bedeutende thüringische Hersteller wiederum hatten Verkaufsbüros mit Musterzimmern in New York eingerichtet … Erst nach der Weltwirtschaftskrise, nach Aufkommen neuer Techniken, entstanden in den Abnehmerländern neue Industrien, oft mit Fachkräften aus Thüringen.

ROLF WERNICKE

BADETAG DER KLEINSTEN

Der Blick in die Werkstätten des deutschen Spielzeugs läßt bei der Lösung der Probleme unendlich viel Geschick, Phantasie und Geschmack erkennen, zugleich aber auch deutlich werden, wie die Schatten sozialer Not die ökonomischen Erfolge der Spielzeugindustrie ständig begleitet haben.

KARL EWALD FRITZSCH UND MANFRED BACHMANN

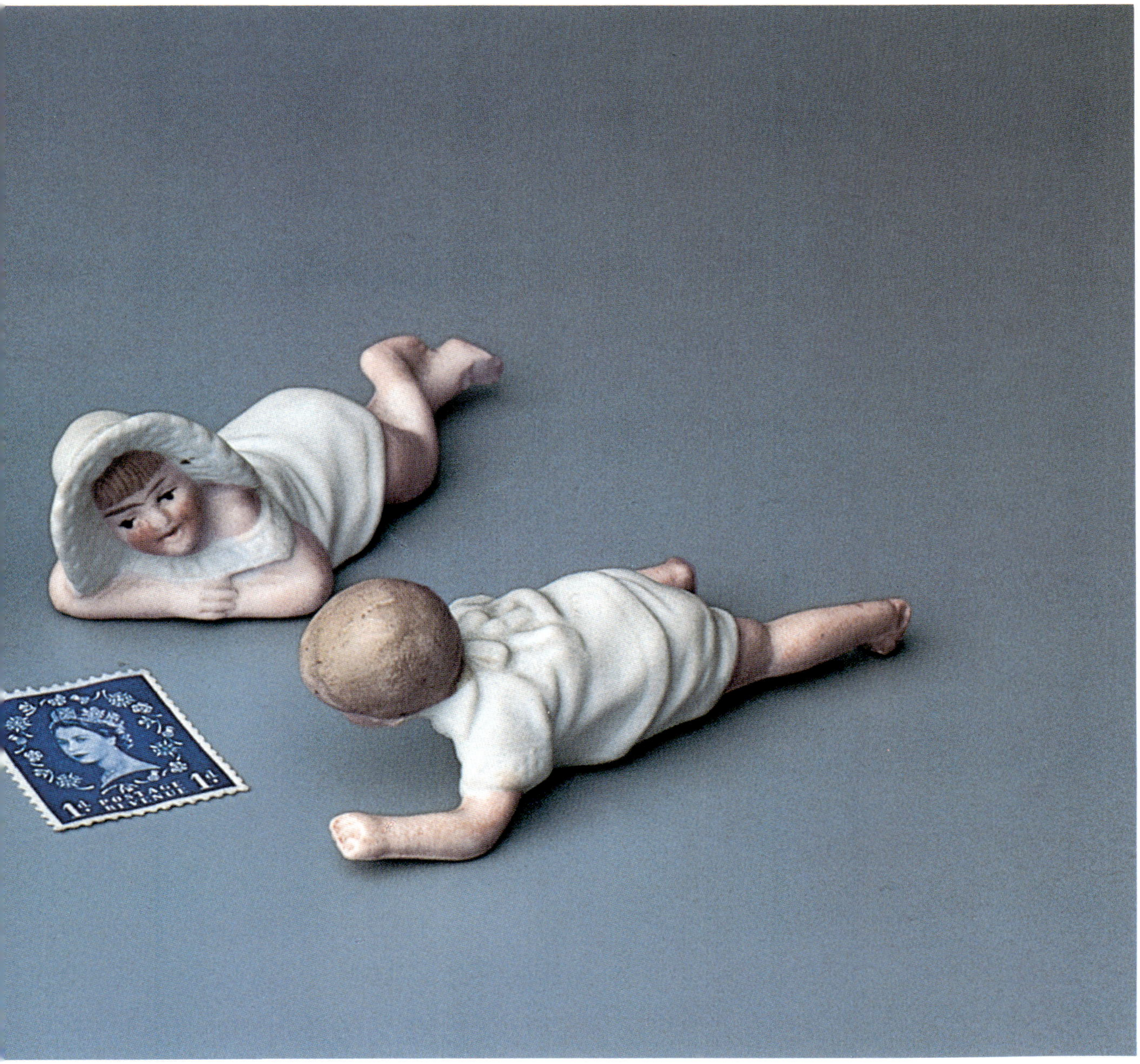

DIE DAME
IM MUSCHELKLEID

Um das Jahr 1830 wurden die verschiedensten Materialien benutzt, um Puppen zu dekorieren, vor allem entlang der Westküste Frankreichs, wo viele Arten hübscher Muscheln an den Stränden zu finden waren. Außer Muscheln verwendete man auch Reiskörner oder Kümmelsamen. Wenn man diese Puppen heute überdekoriert findet, so muß man doch den Erfindungsreichtum und die Handfertigkeit bewundern.

KAY DESMONDE

Auf dieser und den folgenden Seiten zeige ich einige Bronze-Miniaturen. Ein Geldstück als Größenvergleich zeigt uns, wie winzig die Figuren sind, die heute ein besonders begehrtes Inventar für alte Puppenstuben geworden sind. Es ist daher nicht verwunderlich, wenn die heute nachgemachten Bronze-Figuren fast schon Preise erreichen wie die hier gezeigten, die aus der Zeit um die Jahrhundertwende stammen.

Der Dackel

An dem grauen Meilenstein 5 hebt der schwarz-braune Dackel sein Beinchen. Der kleine Hund ist nur 1 cm groß; er wurde fein modelliert und anschließend bemalt.

Der Gänsehüter

Nur 1,5 cm groß ist unser Gänsebub. Er wurde zusammen mit den beiden Gänsen aus einem Stück gefertigt; alles zusammen nimmt eine Breite von 2 cm ein. Trotz des Pfennigstücks als Größenvergleich kann man sich wohl kaum richtig vorstellen, wie winzig diese Figuren sind. Die Gruppe besteht aus Metall und wurde anschließend bemalt. Ob sie Wiener Kunstbronze sind, weiß ich nicht.

Wieder haben wir ein Geldstück als Größenvergleich in das Bild geschmuggelt. Es zeigt die Winzigkeit der Hunde und Katzen.

Bei dem oberen Bild sind besonders die beiden Bronzehündchen, zwei Terrier, unter einem Schirm hervorzuheben. Buchstäblich vom Teufel geritten wird der kleine Mops, links. Die beiden Hunde mit den blauen Halsschleifen (ganz links) wurden in einem Stück gefertigt, ebenso die beiden Foxterrier ganz rechts im Bild. Der winzige schwarze Dackel vor dem Geldstück ist eine der kleinsten Figuren, die je hergestellt wurden.

Das untere Bild zeigt, wie lustig es bei Katzen zugehen kann. Der Bettler mit Krückstock hält bittend seinen Teller hin. Dazu musizieren andere Katzen, eine dirigiert sogar nach Noten. Ganz rechts im Bild erkennen wir eine Mutter, die ihr Jüngstes badet. Vor dem Dirigenten steht in einer Nußschale ein Kätzchen, das einen Frosch an der Angel hält. Außerdem sehen wir noch den Schneider, der gerade eine Katzenhose näht. Alle hier gezeigten Teile sind alte Wiener Kunstbronze.

Auch hier zeigt ein Geldstück wieder, wie klein meine Figuren auf dieser Seite sind. Oben: Der Negervater sitzt im Kral neben seiner rauchenden Frau auf einem Tigerfell. Viel Ruhe gibt es hier nicht, ringsherum krabbeln die Kleinen, musizieren – sogar auf Krokodilen sitzend – und fordern die zahlreichen Geschwister zum Tanzen auf. Alles, was wir hier sehen, besteht aus Bronze.

Wer mag solche Miniaturfiguren wohl einmal gekauft haben? In Puppenstuben fanden sie wohl selten Platz; ich nehme an, daß es sich dabei eher um Vitrinenstücke handelt.

Das untere Bild zeigt einiges Federvieh; es sind Dekorationsstückchen, teils aus einer Kompositionsmasse gefertigt, teils aus Steingut. Das Huhn ist aus Elfenbein.

Tiere werden seit Urzeiten in jeder Art und Form dargestellt. Die frühen Musterkataloge der Verlagshäuser Oehme und Bestelmeier zeigten eine große Auswahl an Tieren. Besonders das Federvieh war früher auf dem Land in der Küche anzutreffen und somit auch in der Puppenküche.

TEUFELSKONZERT

Zehn kleine, rote, 3 cm hohe Teufel haben sich zusammengefunden, um zu musizieren. Das Orchester besteht neben dem Dirigenten u. a. aus dem Pauker, Trompeter, Bratschisten, Geiger und Flötisten. Sie führen etwas von Beethoven auf, wie die Noten uns lehren. Ich entdeckte sie alle zusammen während eines Aufenthalts in Prag und erstand sie für einen geringen Preis in einem Antiquitätenladen. Es handelt sich hier wieder um Wiener Kunstbronzen.

DIE VOGELFREUNDINNEN

Lustig schauen sie drein, unsere drei Vogelliebhaberinnen, inmitten von Vogelbauern und Vögeln. Wo mag dieses Trio entstanden sein? Ich entdeckte sie als Vitrinenstücke und bezog sie in meine Puppenstubensammlung mit ein.

Das interessanteste sind ihre Köpfe: aus Tragant gefertigt; die Körper bestehen nur aus Draht, die Hände sind aus Holz geschnitzt. Für ihre einfache Kleidung verwendete man verschieden gemusterte Baumwollstoffe. Solche Figuren, alte Leute mit leicht humoristischen Gesichtszügen, waren gegen Ende des 19. Jahrhunderts sehr beliebt. Die Herstellung von Figuren aus Tragant kam um die Mitte des 19. Jahrhunderts auf. Grundsubstanz war eine Art Gummi (Harz) des asiatischen Astragalus-Strauches, der mit Mehl und Zucker gemischt wurde. Diese Masse wurde in Formen gepreßt und anschließend von den Zuckerbäckern bemalt.

Die Vogelkäfige bestehen teils aus Messing, teils aus Zinn. Früher waren sie ein unentbehrliches Requisit alter Puppenstuben. Der wohl älteste und schönste unter den Vogelbauern besteht aus bemaltem und vergoldetem Zinn; er schwingt frei in seinem Gestell (oben rechts). Die Vögel sind aus schwerem Blei und schön bemalt.

Über das Sofa der drei alten Damen läßt sich viel erzählen. Es stammt aus der Mitte des 19. Jahrhunderts. Das Polster ist mit rotem Samt bezogen, das Holz ist eine Imitation von Rosenholz mit ebenfalls imitierten Metall-Intarsien. Das Sofa gehört zu einem Stil, der viele Benennungen und Umtaufen erlebt hat. Vivian Greene hat sich wohl als erste bemüht, Stil und Herkunft zu dokumentieren. Zunächst nannte sie den Stil nach einem amerikanischen Kunstschreiner Duncan Phyffe. Bei Reisen durch Thüringen fand sie jedoch einige Originalvorlagen für diese so reich gestalteten Puppenmöbel. Seither bezeichnet man diese Möbel – hauptsächlich in England – als Waltershausener Stil. In der deutschen Fachliteratur spricht man von »Boulle«-Möbeln, nach dem Franzosen André Charles Boulle (1642 bis 1732). Er erlangte mit seinen Metall-Intarsien in Holz (ormolu = gemahlenes Gold) an Möbeln und Uhren Weltruhm. Einrichtungsgegenstände mit derartigen Intarsien wurden in vielen Größen und die Einlegearbeiten in vielen Mustern ausgeführt.

TRAGANTFIGUREN UND SILBER

Für mich duftet es beim Anblick dieser Bilder nach Kaffee und Kuchen. Das hat seinen Grund darin, daß die hier gezeigten Figuren früher zum Verzieren besonderer Torten verwendet wurden – so wie heute Figuren aus Marzipan oder anderem hergestellt werden. Die Kaffeebohnen sollen nur verdeutlichen, wie winzig die hier gezeigten Figuren und Möbel sind. Die Figuren sind aus Tragant und wurden in England gegen Ende des 18. Jahrhunderts hergestellt. Sie wurden auf den Torten mit Draht befestigt. Wie man an den Figuren sehen kann, wünschten sie dem Empfänger Glück und Reichtum: eine Dame bringt einen Blumenstrauß, auf dem Rock einer anderen steht 10 000.

Ganz besonders schön sind die hier gezeigten Möbel aus Silber, die im 17. und 18. Jahrhundert die Prunkstücke in den Vitrinenschränken waren, heute jedoch von Sammlern oft als Möblierung für Puppenstuben verwendet werden.

Diese Möbel wurden in verschiedenen Ländern angefertigt und weisen auch unterschiedliche Techniken auf:

S. 110 oben: Sessel und Stuhl aus schwerem Silber, französischer Barock. Daneben ist ein wohl aus Holland stammender Storch zu sehen, ein »Kinderbringer«, denn in seinem Wägelchen sitzen vier Babies.

S. 110 unten: in Silber gegossene Möbel, gedrechseltes Holz imitierend.

S. 111 oben: Tisch und Stühle sind Filigranarbeiten aus dem Jemen; der Flügel, ebenfalls eine feine Filigranarbeit, kommt aus Holland.

S. 111 unten: sehr schöne und seltene Sägearbeit mit gezacktem Spitzenmuster und Punzierung, wahrscheinlich eine italienische Arbeit.

DER STERNGUCKER

Mit ernster Miene betrachtet der Forscher das kleine Mikroskop und sein Teleskop, mit dem er den Nachthimmel nach interessanten Erscheinungen abzusuchen pflegt. Wir haben es hier mit einem männlichen Puppenstubenpüppchen aus der Zeit um 1900 zu tun. Seine Aufmerksamkeit gilt den beiden seltenen Instrumenten. Sie waren wohl kaum als Spielzeug gedacht. Waren es vielleicht Modelle für richtige optische Geräte? Die beiden Operngläser aus Elfenbein allerdings sind neuere Reiseandenken. Da heute alle Miniaturgegenstände zur Ausschmückung der Puppenstuben willkommen sind, findet man sie auf Spielzeugauktionen, in Antiquitätenläden, auf Flohmärkten und in Basaren.

ZWEI KINDLIBRINGER

Woher kommen die kleinen Kinder? Die Erwachsenen suchten immer nach neuen Möglichkeiten, dies ihren Kindern zu erklären: Einmal wurden sie aus einem Brunnen gefischt, auf Märkten gekauft oder sie kamen – wie unsere beiden Kindlibringer zeigen – direkt vom Himmel auf die Erde. Beide Figuren sind 10 cm hoch; jede trägt vier kleine Wickelkinder bei sich. Es handelt sich um sächsische Porzellanfiguren etwa aus der Mitte des 19. Jahrhunderts. Die Harlekine tragen die Nummer 195 (rechts) und 23/24 – leicht verwischt – (links).
Was über die Gestalt der Kindlibringer bekannt ist, habe ich bereits auf Seite 26 ausgeführt. Bis heute weiß man nicht genau, ob Kindlibringer bei Hochzeiten und Kindertaufen als Geschenk dienten, auch wenn sich viele Volkskundler intensiv mit diesem Thema beschäftigt haben.

PERLEN UND HOCHGLANZ

So stehen sie bei mir in der Vitrine: Perlenstickerei, Puppen, Glas und Gold. Die Perlenstickereien stammen etwa aus der Mitte des 19. Jahrhunderts. Links sehen wir ein Nadelkissenetui, in der Mitte einen Eierwärmer, daneben ein Kästchen mit abnehmbarem Deckel; weiterhin gehört zu meinem Stilleben ein Geldtäschchen und ein mit Perlen bestickter Puppenteppich. Dazwischen habe ich vier gefrorene Charlotten gestellt, 2 bis 10 cm groß. Sie tragen die einfachen Frisuren, wie sie Mitte des 19. Jahrhunderts üblich waren. Später wurden sie Badepuppen genannt, aber seit einiger Zeit hat sich das Wort Charlotten durchgesetzt.
Auf dem Foto sehen wir verschiedene Arten von Fadenglas: weißes oder durchsichtiges Glas mit eingeschmolzenen blauen Fäden. Solche Glaskunst ist heute kaum noch zu finden; in Lauscha stellt man allerdings noch ähnliche Gläser in kleinen Mengen her. Die beiden Gläser, die Kanne sowie die Zuckerdose stammen etwa aus der Mitte des 19. Jahrhunderts. Es gab sie aber auch schon früher. Das Einziehen der blauen Fäden mit Hilfe blauer Glasstäbe in die Glasmasse war zur damaligen Zeit eine hohe Kunst, die nur erfahrene Glasbläser verstanden. Die Schwierigkeit lag natürlich in der Größe der Gefäße; die Kanne z. B. mißt nur 3 cm.
Das untere Bild zeigt eine Familie zwischen ihren schönen Perlenmöbeln. Alle Gegenstände bestehen aus Draht, auf den bunte Perlen im Muster aufgezogen wurden. Da mir solches Mobiliar nirgends sonst begegnet ist, nehme ich an, daß es sich hier um eine Einzelanfertigung handelt. Die vier Puppen – die kleinste ist nur 3 cm groß – passen in Stil und Format zu den ausgefallenen Möbeln. Im Hintergrund steht eine venezianische Glasvase mit Glasblumen.
Heute werden solche Gegenstände, die von großer handwerklicher Kunstfertigkeit zeugen, nicht mehr hergestellt. Das liegt u. a. daran, daß das heute verwendete Glas für kleine Objekte ungeeignet ist, da es auf Grund seines anderen Schmelzcharakters schneller abkühlt und für eine detaillierte Formung keine Zeit läßt. Deshalb sind die komplizierten Glasformen, wie man sie z. B. im Glasmuseum in Wertheim bewundern kann, zur Seltenheit geworden.

BADETAG DER KLEINSTEN

Sauberkeit gehört auch zu einem Puppenleben. Diese Püppchen waren einst billige Massenware. Sie wurden etwa von 1870 bis 1900 von vielen Firmen hergestellt, so zum Beispiel von Kestner, Bähr & Pröschild und Gebrüder Heubach. Aber auch in Frankreich wurden solche kleinen Badepuppen produziert und exportiert. Im Englischen werden sie *bathers* oder *pillar dolls* genannt, und zwar wegen ihres säulenhaften, steifen Aussehens. Sie waren Billigware, und J. Noble warnt davor, sie heute zu überschätzen; viele Sammler messen ihnen einen übertriebenen Wert bei. Manche Hersteller dieser Puppen fertigten auch Figurinen und Nippsachen mit ähnlichem Aussehen und in ähnlichen Positionen an; M. Hillier nennt besonders die Firma Conta & Boehme in Sachsen. C. A. Stanton hat speziell die Heubach-Figuren untersucht und beschrieben.

Mein Bild zeigt frühe (um 1870) und späte Badepüppchen. Sehr alt ist das Mädchen mit der blonden Perücke. Die späteren Figuren erhielten nur noch gemalte oder gar nur angedeutete Haare, wie zum Beispiel die beiden Kewpies ganz links. Das mittlere Baby, das fest in der Wanne sitzt, sowie der kleine »Dornauszieher« sind sicher von Heubach.

Obgleich Amerika mit 90 Prozent der europäischen Ausfuhren der größte Abnehmer war, entwickelte sich dort eine eigene Industrie. Hier wurden von Rose O'Neill die Kewpies entworfen, die den europäischen Markt im Nu eroberten.

Keine meiner Puppen trägt eine Markenbezeichnung, höchstens eine Nummer (8086, Heubach?) wie das dickbäuchige Mädchen ganz links.

SCHLAFENSZEIT

Sie tragen bereits ihre Nachthemden, die Bettzipfelmütze und Kappen, aber sie sind noch nicht müde. Sie räkeln sich, wollen unters Bett kriechen, ziehen sich die Mütze vom Kopf, sie albern herum.

Aus zwei Gründen zeige ich diese Gruppe zusammen mit einer englischen Briefmarke: erstens wegen des Größenvergleichs und zweitens, weil sie wahrscheinlich in Deutschland für England hergestellt wurden. Ich fand diese Gruppe in England, wo ähnliche Puppen mit *early to bed group* bezeichnet werden (M. Hillier). Die deutschen Firmen stellten sich um 1900 weitgehend auf die englische Käuferschicht ein. Die Biskuitpuppen tragen keine Marke. Sie sind hohl, aus einem Stück gegossen, haben gemalte Gesichter und Haare und tragen farbige Schleifen. Von der Qualität her sind sie den Schneebabys ähnlich, die von Heubach hergestellt wurden.

Das kleinere der hier wiedergegebenen Bilder zeigt Figuren, bei denen zum großen Teil Illustrationen aus den Kinderbüchern von Kate Greenaway (1846–1901) als Vorbild dienten. Kate Greenaway schuf mit den von ihr illustrierten Kinderbüchern einen neuen Stil, der sich schnell über zwei Kontinente verbreitete. Typisch ist eine neue Kleidermode und ein besonders kindlicher Gesichtsausdruck, den auch meine kleinen englischen Biskuitpuppen zeigen.

Während auf dem großen Bild alle Figuren hohl sind, trifft dies hier nur für das Schneebaby und den Zwerg zu; die anderen sind massiv. Die englische Porzellanmanufaktur *The Worcester factory* stellt ebenfalls Figuren im Kate-Greenaway-Stil her, allerdings nicht als Kinderspielzeug, sondern in besserer Qualität als Vitrinenstücke.

DIE DAME IM MUSCHELKLEID

»Eine Puppe ist eine Darstellung des Menschen zum Zweck des Spielens.« Nach dieser Definition ist meine Figur gar keine Puppe. Denn der feste Standboden, den ein Spielzeug nicht haben soll, spricht eher für eine Spielerei für Erwachsene. Puppe und Hundehütte auf unserem Bild waren sicherlich einst Vitrinenstücke.

Die Puppe besteht aus Holz und ist 22 cm groß, die Hundehütte 8 cm; beide sind reich mit Muschelwerk verziert. Aus Holz besteht bis auf das Kleid die ganze Puppe: Kopf, Arme und Beine, Kern und Standfläche. Die Muscheln für das Kleid wurden auf eine dicke Leimschicht schräg angeklebt; einige Muscheln behielten ihre Naturfarbe, andere wurden schwarz bemalt.

Schon im Altertum war Muschelhandwerk ein beliebter Zeitvertreib. Winkelmann sagt, daß ohne das »allerliebste Muschelwerk jetzt kein Zierrat geformt werden kann«. Im 19. Jahrhundert war die Bretagne das bekannteste Herstellungsgebiet, ebenso die Kanalinseln und Holland. Meine Muscheldame dürfte von den Kanalinseln stammen, da sie den bei A. Fraser abgebildeten gleicht.

Seltene und außergewöhnliche Puppen

Da wir über so viele Puppen so wenig wissen, ist es nicht erstaunlich, daß wir über manche Puppen gar nichts wissen. Es wäre ein großer Irrtum, wenn man sich der Verworrenheit und Vieldeutigkeit der Puppenwelt verschließen würde. Vieles bleibt Vermutung, man halte sich offen ohne Vorurteile.

JOHN NOBLE

Das chinesische Kunsthandwerk mit seinen edlen Erzeugnissen aus Elfenbein, Marmor, Speckstein, Holz, Metall, Seide, Lack und Porzellan hat die künstlerische Ausprägung der Puppe außerordentlich gefördert ... Die farbenprächtigen Kostüme und streng stilisierten Masken, die bestimmte Rollentypen charakteristisch vertreten, gehen auf alte, dem Volk noch immer verständliche Traditionen zurück.

MANFRED BACHMANN UND CLAUS HANSMANN

ENTDECKUNG:
FÜNF
GROTESKE PUPPEN

Schon seit vielen Jahren gibt es Puppensammlungen und Sammler, doch die eigentliche Flut stieg erst 1930 an . . . Dieses erstaunliche Anwachsen geht zum Teil darauf zurück, daß die Zeitschrift »Hobbies« (USA) 1936 eine extra Rubrik für »Dollology« einrichtete.

ELEANOR ST. GEORGE

Diese bedeutende Puppenmacher-Gegend (Sonneberg) – eine der wichtigsten der Welt – ist bereits seit 1700 bekannt für die kleineren hölzernen Puppen, die die Drechsler aus dem Grödner Tal zum Bemalen und Versand dorthin brachten. Um 1800-1810 begann die Massenproduktion von Puppen aus Papiermaché.

FAITH EATON

Das Hauptabsatzgebiet der Sonneberger Spielwaren ist gegenwärtig Nordamerika. Nach den Registrierungen des Vereinigten Staaten-Consulats in Sonneberg wurden 1876/77 aus Thüringen nach den Vereinigten Staaten exportiert an Puppen und Spielwaren für 137 466 M, darunter aus Sonneberg allein 71 694 M . . .

E. SAX

Es gab (in Basel) sogenanntes Sonntagsspielzeug,
und so vererbten sich die gut aufbewahrten Spielsachen
durch Generationen.

HANS PETER HIS

Noch bis heute kann man am Gesichtsausdruck einer Puppe erkennen, ob viel mit ihr gesprochen worden ist, noch viel leichter sieht man die Beweise von viel Zärtlichkeit und Küssen.

VIVIAN GREENE

DIE WAHRSAGERIN

Wir blicken so gern in die
Zukunft, weil wir das
Ungefähre, was sich in ihr hin
und her bewegt,
durch stille Wünsche so gern
zu unseren Gunsten
heranleiten möchten.

J. W. GOETHE

Welch besseren Anreiz konnte es für eine jugendliche Schneiderin zur Übung mit Nadel und Faden geben, als ihr eine Handarbeits- und Nadelkissen-Puppe zu schenken? Da die viktorianischen Jugendlichen so viel Zeit mit dem verbringen mußten, was die Erwachsenen als passende Beschäftigung ansahen, ist es kaum überraschend, daß der Höhepunkt der Beliebtheit dieser Puppen während des späten 19. Jahrhunderts eintrat.

FAITH EATON

Die Spielzeuge sind, wie so viele Dinge, verborgene Befehle, mit der Forderung, die Kinder nach dem Vorbild und der Ähnlichkeit ihrer Eltern zu formen. Wenn das nicht erreicht wird – glücklicherweise wird das fast nie erreicht –, sind die Spielzeuge prächtige, mißlungene und pathetische Anstrengungen der Poesie, denn die Poesie erreicht selten jene, für die sie geschrieben wurde.

MARIA LLUISA BORRÀS

Nadeln hat es seit dem Altertum gegeben. Metallnadeln waren jedoch ein großer Luxus und benötigten einen sicheren Aufbewahrungsort. Im Mittelalter trugen Figuren der Mutter Gottes Nadelkissen am Gürtel; ähnliche kleine Kissen waren auch an der Taille der Queen Anne-Puppen befestigt, die aus Paris kamen. Ganze Puppen als Nadelkissen zu verwenden, wurde jedoch erst am Ende des 18. Jahrhunderts Mode.

KATHERINE MORRISON MC CLINTON

DER NÄHTISCH
DER DAME

DREI CHINESEN

Chinesische Puppen wurden sehr selten in die westliche Welt exportiert. Man weiß daher auch sehr wenig darüber. Herstellungszentrum war Kauchau (Coleman); in einer Missionsstation wurden speziell für den Export sogenannte *Door of Hope Dolls* produziert.
Ostasien inspirierte aber trotzdem den Westen. So wurde Ch. Motschmann, ein Puppenhersteller aus Sonneberg, auf der Pariser Weltausstellung im Jahr 1855 durch japanische Puppen zur Produktion von Puppen mit den dort üblichen Gliederverbindungen angeregt. Lange Zeit glaubte man, diese Puppen seien aus Ostasien importiert, bis in einem deutschen Museum eine solche Puppe mit der Markenbezeichnung »Motschmann« entdeckt wurde.
Meine kleine Familie ist aber tatsächlich chinesischen Ursprungs. Die Puppen sind 18, 23 und 24 cm hoch. Die Körper sind aus Steifleinen, Köpfe, Hände und Beine aus Komposition. Die Köpfe sind mit einer Gipsmasse (Gesso) überzogen; Kopfschmuck und Ohrringe sind anmodelliert. Alle drei Puppen sind sehr sorgfältig bemalt. Die Gesichter lassen auf die geübte Hand eines Porträtmalers schließen.
Für die kostbaren Kleider wurden mindestens zehn verschiedene Materialien verwendet; sie sind mit Spitzen, Goldkordeln, Bändern und Stickereien reich verziert. Da die Kleidung mit der Maschine genäht ist, muß sie nach 1850 gefertigt worden sein. Darüber hinaus gibt es keine Anhaltspunkte für eine Datierung.

ENTDECKUNG: FÜNF GROTESKE PUPPEN

Bevor eine große Spielzeugauktion stattfindet, werden die zu versteigernden Gegenstände einige Tage lang der Öffentlichkeit vorgestellt. Sie stehen in Glaskästen, auf Wandbrettern oder frei im Raum; alte Spiele, Puzzles und weniger interessante Puppen liegen noch verpackt in Kartons. Natürlich versäume ich möglichst keine dieser Vorschauen; allerdings bin ich jedesmal fest entschlossen, dieses Mal nichts zu kaufen, weil ich keinen Platz mehr habe.
Wieder einmal waren die Tage der Besichtigung mit anschließender Auktion gekommen. Die Interessenten gingen ruhig und mit gespannten Gesichtern umher: hier ein Püppchen oder einen kleinen Bären, da ein altes Spielzeug unter die Lupe zu nehmen. Mir wurde ganz schwindelig bei dieser meist unerschwinglichen Pracht. Ich war fest entschlossen, nichts zu kaufen.
Nun, anschauen kostet ja nichts. So schlenderte ich weiter durch die Ausstellungsräume, bis ich plötzlich auf einem der Regale einen Karton entdeckte, der irgendwie meine Aufmerksamkeit erregte. Ich öffnete ihn und fuhr sogleich wie elektrisiert zurück. Was mich da aus der Schachtel anstarrte, hatte ich noch nie zuvor gesehen: Puppen mit ganz merkwürdig grotesken Gesichtern.
Sie waren noch nirgends beschrieben und dennoch hatten sie – vor allem ihre großen Füße, ihre Filzkörper und die sehr bunte Filzkleidung – große Ähnlichkeit mit den mir wohlvertrauten Steiff-Puppen. Für mich stand fest: Das müssen Steiffs sein, und ich muß sie ersteigern!
Natürlich beobachtete ich auch die anderen Besucher, die ebenfalls den Karton öffneten, ihn aber gleich wieder verschlossen. Gab es hier doch soviel Schöneres zu sehen!
Die Auktion fand erst einige Tage später statt. Ich wurde immer unruhiger, weil ich ja nicht wissen konnte, ob noch andere Interesse an *meinen* Puppen zeigten. Ich sah mich bereits als Besitzer der fünf grotesken Puppen und gönnte sie keinem anderen. Auf der Auktion wollte dann tatsächlich ein mir unbekannter Sammler *meine* Puppen ersteigern. Dann — endlich fiel der Hammer . . . sie waren mein!
Jetzt begann die Detektiv-Arbeit für mich. Ich wollte und mußte herausfinden, wer die Puppen hergestellt hatte. Der Auktionator konnte mir leider nicht weiterhelfen.
Und doch gab es eine Möglichkeit. Es ist üblich, daß der Name des Einlieferers nicht bekannt gegeben wird. Dennoch startete ich folgenden Versuch: Ich schlug vor, dem Einlieferer meinen Namen zu geben und ihn zu bitten, mit mir Kontakt aufzunehmen. Schon bald kam ein freundlicher Anruf der gesuchten Person. Die junge Frau erklärte mir, daß sie gerade ein Baby erwarte und Angst hätte, es könnte die gleichen Gesichtszüge tragen wie die Puppen. Deshalb wolle sie sie nicht mehr ansehen.
Nachdem ich dann die Bezugsquelle wußte, wurde ich von einem zum anderen verwiesen, bis ich erfuhr, daß ein alter Herr die Figuren weggab, bevor er in ein Altenheim ging.
Der Moment war gekommen, mit der Firma Steiff Verbindung aufzunehmen. Von dort erhielt ich die Antwort, daß man ebenfalls vor einem Rätsel stehe: Ja, es seien Steiff-Körper und auch Steiff-Bekleidung, aber die Köpfe kenne man nicht.
Ich schickte zwei Puppen auf die Reise zu Steiff, damit man sie dort gründlich untersuchen konnte.
Es stellte sich dabei heraus, daß es wirklich bei Steiff hergestellte Körper waren – keine Sonderanfertigungen, sondern solche aus der damals laufenden Serie –, etwa einige Jahre vor dem Ersten Weltkrieg. Auch die Kleidung, Schnitt, Stil und Material sprachen dafür; ebenso die Augen (an sich kleine Schuhknöpfe).
Aber die Köpfe aus Kompositionsmasse blieben allen ein Rätsel. Wahrscheinlich wurden sie irgendwann einmal auf die Steiffkörper montiert. Die Köpfe zeigen große Ähnlichkeit mit Köpfen der Porzellanpuppenmaler aus dem Thüringer/Coburger Raum. In den Fabrikunterlagen war aber darüber nichts zu finden.
Was übrig bleibt, ist nur ein Raten. Auch der Hinweis auf den wahrscheinlich vorletzten Besitzer, einen ehemaligen Buchhalter der Firma Steiff, der in ein Altenheim ging, konnte nicht zur Aufklärung beitragen. Vielleicht hatte der Buchhalter erwartet, die Firma Steiff würde seine Entwürfe in die Produktion nehmen. So hatte sich vielleicht ein alter Mann von seinen Kunstwerken schweren Herzens trennen müssen. Ich bewahre sie nun zu Ehren eines Unbekannten, eines anonymen Puppenentwerfers, wie es sie so oft in der Welt der Puppen gegeben hat.

»Früh« kann natürlich nur relativ gemeint sein, denn in Sonneberg wurden bereits im 17. Jahrhundert Puppen hergestellt. Meine beiden auf den Seiten 128 und 129 gezeigten Puppen dürften aus der Zeit zwischen 1840 und 1850 stammen. Dennoch gelten sie als früh und selten. In der Literatur werden Sonneberger Puppen mit Lederkörpern und wachsüberzogenen Köpfen schon seit 1820 erwähnt (F. Eaton).

Das Museum in Sonneberg zeigt die Entwicklung der Puppen. 1851 errichtete man dort auch eine Schule zur Förderung der Spielzeugindustrie. Die Puppenmodelle aus Sonneberg wurden in alle Welt exportiert. Da fast jedes Modell über viele Jahre hinweg seine Beliebtheit behielt, ist eine genaue Datierung der einzelnen Puppen heute sehr schwierig.

Meine beiden Puppen sind Schulterblattköpfe aus Pappmaché mit einem Überzug aus Wachs. Sie sehen uns aus schwarzen, pupillenlosen Augen an; die Haare sind gemalt. Der Mann auf S. 128 läßt in seinem offenen Mund vier kleine Bambuszähne erkennen. Die Frau auf S. 129 hält den Mund dagegen geschlossen; sie trägt schöne alte, aber nicht originale Ohrringe.

Die Körper beider Puppen sind aus Ziegenleder mit eingesetzten Zwikkeln. Die Finger wurden einzeln abgenäht und erhielten noch eine Drahtverstärkung. Da rostfreier Draht damals leider nicht zur Verfügung stand, trug dies oft zur Zerstörung des Leders bei. Die Kleidung ist alt, aber nicht original.

Diese Puppe bezeichnet man als Schulterblattkopf-Typ. Der Kopf besteht aus massiv gegossenem Wachs, Arme und Beine sind aus Komposition. Sie hat Schlafaugen und trägt eine Mohairperücke, die auf einem Netz gearbeitet und mit Nägeln auf dem Kopf befestigt ist. Der Körper aus Ziegenleder ist mit der Maschine genäht. Sie trägt Schutzstreifen an den Knien. Das ist typisch für deutsche Puppen dieser Machart. Dadurch bleiben die Beine beweglicher als bei den angeschnittenen Beinen der Franzosen. Hier verschob sich oft die Füllung im Lauf der Zeit und ließ die Beine steif werden. Meine Puppe hält zwei Wachswickelkinder in den Armen, die ein beliebtes Geschenk, zum Beispiel bei Geburten, waren. Die beiden hier gezeigten sind Nachgüsse in alten Formen, wie man sie heute noch in München erhalten kann. Es sind also keine »Kopien«, sondern »Nachformungen« (*reissues*).

Die Verwendung von Wachs für Figuren, zum Beispiel Votivfiguren, stammt aus dem keltisch-römischen Kulturbereich und ist in Deutschland seit dem 10. Jahrhundert nachweisbar.

Für die Herstellung von Wachspuppen und Wachspuppenköpfen kann man drei Methoden verwenden:

1. als Wachsüberzug über ein anderes Material, vor allem über Komposition;
2. als soliden Guß in eine Hohlform;
3. als Teilguß, wobei man eine gewisse Schicht erkalten läßt und den Rest ausgießt, so daß eine Wachshohlform entsteht.

Alle drei Methoden verwendet sowohl die deutsche (Sonneberg) wie auch die englische Puppenindustrie, und zwar zur gleichen Zeit.

Oft wünscht man sich den Namen der deutschen Künstler von Wachspuppen zu kennen, wie dies in England der Fall ist. Mir ist lediglich der Name Finger aus der Sonneberg-Frühzeit geläufig, und zwar durch einen von ihm entworfenen »Täufling«. Damals ahnte wohl niemand, daß die Puppen einmal ein so interessantes Objekt werden würden, von dem man gern jedes Detail seiner Herstellung wüßte.

Wachspuppen wurden vor allem in England hergestellt. Drei Familien italienischer Herkunft zeichnen sich hier besonders aus: die Montanari, die Bazzoni und die Pierotti. Sie lebten alle in London und gewannen höchste Auszeichnungen auf Weltausstellungen. Obwohl man dem Wachs ein Härtungsmittel zusetzte, waren die Figuren durch Wärme leicht zerstörbar.

»Unsere Wachspuppen hatten immer die schrecklichsten Krankheiten, zum Beispiel Pocken. Aber ich wollte meine Schwester noch übertrumpfen und erklärte ihr, meine hätte einen Sonnenstich. Diese Krankheit wurde nicht akzeptiert, weil man sich davon (als Wachspuppe) nicht erholen könne. Am nächsten Tag war es eine Lungenentzündung, und zur schnelleren Heilung setzte ich sie nahe an den Kamin. Aber – Schreck – sie schmolz dahin.« (Aus Lady Clodagh Anson, Victorian Days.) Auch meine englische Wachspuppe weist deutliche Spuren der Liebe auf. Die feinen Risse machen deutlich, daß sie schon sehr »alt« ist. Ich schätze, daß sie zusammen mit ihrem Spielzeug um 1850 entstanden ist. Sie wurde mit viel Sorgfalt und Phantasie aus sieben Materialien gefertigt. Der Schulterblattkopf ist aus Komposition, in Wachs getaucht. Mundgeblasen sind die gläsernen Augen; die Höhlungen dafür wurden von Hand geschnitten. Der Körper besteht aus grobem Leinen, Beine und Füße sind in einem Stück mit angeschnittten. Die einteiligen Arme sind aus feinem, glänzendem grauen Ziegenleder; die Finger wurden einzeln abgenäht, Leimspuren lassen auf ehemals angeklebte Ohren schließen.

Sie ist mit einem alten, handgenähten weißen Leinenhemd bekleidet, darunter trägt sie eine lange weiße Hose aus gemustertem Tüll. Über der Mohairperücke erkennen wir gleich zwei Hauben, eine aus Netzstoff, mit Blumen dekoriert, und eine Schute aus Stroh mit einem gemusterten Seidenband. In ihren Armen hält sie eine seltene Wachsarbeit, die sicher eine Einzelanfertigung ist. Sie hat die Form einer grünen Wachsgurke, 12 cm lang, in deren Innerem acht winzige Wachspüppchen, 1 bis 2 cm groß, vor einem Hintergrund aus Wachs-Grashalmen, stehen.

DIE WAHRSAGERIN

Wahrsagepuppen, englisch: *Fortuneteller*, waren vor allem im England des frühen 19. Jahrhunderts weit verbreitet. Die Leute auf dem Land waren für jede Unterbrechung ihres monotonen Alltags dankbar. Auch Prinzessin Victoria soll eine derartige Puppe besessen haben. Man konnte solche Puppen auch selbst herstellen. Anweisungen dazu fanden sich in Mädchen-Journalen in der Zeit um 1900.
Die *fortunetelling doll* ist eine enge Verwandte der englischen *pedlar doll* (Hausiererpuppe). Puppen dieser Art sind sehr empfindlich. Sie wurden deshalb häufig unter Glasstürzen aufbewahrt, und nur so konnten einige dieser zarten Geschöpfe überleben.
Meine Wahrsagerin ist ungefähr 120 Jahre alt. Auf dem Foto stehen rechts und links Kundinnen, die wohl etwas über ihre Zukunft erfahren möchten. Der Vorgang ist ganz einfach: mit einem spitzen Stab sticht man in die lockeren Rockfalten und öffnet vorsichtig das gewählte Blatt. Insgesamt besteht der Rock, der der Puppe Standfestigkeit verleiht, aus über hundert farbigen Blättern, die alles über die Zukunft »wissen«, dies sogar in mehreren Sprachen. Auf einem liest der Neugierige etwa: »Ein gutes Beispiel zeigt uns, was wir tun, ein böses, was wir lassen sollen.«
Der Körper der Wahrsagepuppe ist aus Wildleder und handgenäht. Unterarme und die gespreizten Hände sind aus Holz geschnitzt, der Schulterkopf ist aus Porzellan. Die streng und flach anliegende Lockenfrisur ist glasiert und entspricht der Mode um 1850. Die beiden Kundinnen sind Zeitgenossinen der Wahrsagerin.

NÄHTISCHE UND NADELKISSENPUPPE

Warum verwendete man in früherer Zeit soviel Sorgfalt und scheute keine Mühe, das gesamte Nähzubehör der Großen en miniature für die Kleinen nachzubilden? Wohl zuallererst deshalb, um den Mädchen ihre Aufgabe im Erwachsenenalter spielend nahe zu bringen. Die Bilder auf den Seiten 134, 135 und 136 geben uns einen Einblick in eine kleine Wunderwelt aus dem Nähkästchen der Dame.
Auf Seite 134, oben, zeige ich verschiedene Puppennähtische und -kästchen. Unten auf derselben Seite sehen wir ein Nadelkissen-Püppchen aus der Zeit um die Jahrhundertwende. Vor ihr liegen Schere, Nadeln sowie ein Zentimetermaß, das auf eine Elfenbeinrolle gedreht werden kann.

IM SCHNEIDERATELIER

Die Püppchen haben einen großen Nähauftrag erhalten. Fünf Nähmaschinen stehen den vier Puppenfachkräften zur Verfügung. Das Interessanteste auf dem oberen Bild sind natürlich die Nähmaschinen.
In der Mitte des 19. Jahrhunderts trat die Nähmaschine ihren Siegeszug an. Zuerst benutzten sie nur die Schuhmacher. Später wurden dann die ersten Kleidungsstücke aus Stoff auf ihnen gefertigt. Kurze Zeit später entdeckten auch die Puppenzubehör-Fabrikanten die Nähmaschine; sie wetteiferten miteinander um die hübschesten Stücke. In Nürnberg und Fürth sowie im Württembergischen und Bayerischen wurden Miniaturnähmaschinen aus Eisen, Guß, Zinn und Blech fabriziert. Viele Exemplare wurden nach Amerika exportiert.
Die hier abgebildeten will ich der Reihe nach kurz beschreiben. Die beiden linken Maschinen sind aus bemaltem Blech, wie sie in Nürnberg hergestellt wurden. In der Mitte sehen wir eine neuere mexikanische Kopie einer deutschen Singer-Nähmaschine. Rechts, bedient von der hellblau gekleideten Dame, sehen wir eine Württembergische Maschine aus dem Ende des 19. Jahrhunderts. Es ist eine sehr detailliert gearbeitete Maschine der Firma Rock & Graner, Biberach. Die kleinste Maschine steht vorn in der Mitte; es handelt sich hier um französisches Nähtischzubehör für die elegante Dame. Das darin enthaltene Zentimetermaß kann mit Hilfe eines Schwengels in den Kasten gerollt werden. Davor liegen Puppenfingerhut und Puppenschere.
Das untere Bild zeigt eine Kundin während der Anprobe des neuen Kleides; die Schneiderin begutachtet ihr Werk und will den Saum noch begradigen.
Alle sechs Püppchen auf diesen beiden Bildern stammen aus der Zeit um 1900.

Muße und Gemütlichkeit gehen von dem Bild des Nähtisches der Dame des 19. Jahrhunderts aus. Die Menschen verbrachten viel Zeit mit Handarbeiten und gestalteten sich daher ihre Nähutensilien so hübsch wie möglich.

Das obere Bild zeigt ein Tischchen für Garnrollen, das englischer Herkunft sein könnte (um 1850). Es ist mit Perlstickerei und Spitze verziert. Vivian Greene kennt ein ähnliches Stück und nennt es ein *bibelot*, ein teures Spielzeug, das für Erwachsene hergestellt wurde.

Der Behälter in Buchform mit der Goldaufschrift »Lady's Companion«, enthält ein Elfenbein-Nadeletui, Lochstecher für Lochstickerei und verschiedene Nadeln. Im Vordergrund sehen wir ein Nadeletui mit feiner Perlstickerei, daneben steht ein Kästchen mit alten Perlen, links davon ein Elfenbein-Nadelwachser, davor liegen Puppennähnadeln in den gleichen Papierhüllen wie sie die erwachsenen Schneiderinnen benutzen. Das gesamte Stilleben habe ich arrangiert auf einen Teppich aus Wolle, der mit Perlen bestickt ist.

Die drei unteren Bilder zeigen etwas ganz Besonderes: eine Puppe als Nadelkissen (ähnlich wie auf Bild S. 134 zu sehen). Warum gab man sich früher soviel Mühe damit? Steck- und Nähnadeln waren damals aus Eisen und sehr teuer. Um sie vor Rost zu schützen, mußten sie natürlich sorgfältig aufbewahrt werden. Man steckte sie deshalb oft als Muster angeordnet auf Kissen oder – wie hier – in Puppen, damit man gleich feststellen konnte, wenn eine Nadel fehlte.

Bei diesem Porzellankopf-Püppchen, etwa 17 cm hoch, stecken die Nadeln noch in ihrer ursprünglichen Anordnung und dekorieren auf diese Weise sehr schön das schwarz-rote Wollkleid. Puppen, für diesen praktischen Zweck hergerichtet, sind sehr selten; manche Puppenliebhaberin hat solche Nadelkissen-Puppen noch nie gesehen (C.E. King). Aber derartige Nadelkissen waren bekannt; 1865 brachte ein amerikanisches Frauenmagazin genaue Angaben zur Herstellung eines solchen *work table companion*. Coleman berichtet über *pincushion dolls*, hier ist aber eine Puppe gemeint, die ein Nadelkissen bei sich trägt.

Szenen aus dem Puppenleben

Im Spielen wird die Diskrepanz zwischen Traum und Realität überwunden. In dieser Vermittlung zwischen Traum und Realität gibt es sowohl eine Fähigkeit zur Erinnerung als auch zur Revolution. Im Spiel wird das unbewußt Erfahrene, aber auch das nie Erfahrene und deswegen Utopische lebendig.

ANTOINETTE, HELLMUT UND STEPHAN BECKER

Alle sprechen davon, fragen sich, ob diese Gegenstände original sind. Was könnte denn originaler sein, als die Verwirklichung des Traumes?

BRIAN MOORE

Das Spielzeug ist das zarteste Sinnbild der Dauerhaftigkeit, ja der Ewigkeit.

LÉO CLARETIE

DER DOMPTEUR IN DER PUPPENSTUBE

Die Puppenwelt im 19. Jahrhundert ist eine Welt für sich.
Niemals waren Puppen so hübsch und entzückend wie in dieser
Zeit. Zugleich ist niemals so viel Sorgfalt und Einfallsreichtum
an ihre Entwicklung verwandt und so verschiedenartiges
Material benutzt worden ...

ANTONIA FRASER

Der erfolgreiche und kenntnisreiche Sammler schafft zweifellos etwas, was mit dem Spiel der Kinder überhaupt keine Verbindung mehr hat und trotzdem die Sinne unendlich anspricht und für den Historiker bedeutsam ist.

ANTONIA FRASER

Der Mensch soll mit der Schönheit nur spielen, und er soll nur
mit der Schönheit spielen ...

F. SCHILLER

BEI DEN DREI SCHÖNEN

DAS KINDERPARADIES

Viel Genialität und Mühe wurde darauf verwendet, Tausende dieser Puppenmöbel anzufertigen. Das Wunderbare ist, daß diese in drei verschiedenen Größen gefertigt wurden, damit sie im richtigen Verhältnis zu Puppenstuben verschiedener Größe paßten.

VIVIAN GREENE

DIE ALTEN HERRSCHAFTEN

. . . Was heißt denn bloßes Spiel, nachdem wir wissen, daß unter allen Zuständen des Menschen gerade das Spiel und nur das Spiel es ist, was ihn vollständig macht und seine doppelte Natur auf einmal entfaltet?

F. SCHILLER

Beim Anblick der Bilder auf den Seiten 143 bis 146 glaubt mancher an einen Traum. Vor dem Hintergrund alter Basler Bauten spielt sich ein städtisches Puppenleben ab, aber so traumhaft versonnen, daß sich nüchterne Erklärungen über das »Warum« und »Woher« meiner Meinung nach erübrigen.
Kurze Bildbeschreibungen möchte ich aber dennoch geben.
Wir haben es hier mit Puppenstubenpüppchen zu tun, wie sie bereits beschrieben wurden; sie tragen alle ihre originale Kleidung.
Auf Seite 143 oben findet gerade ein Flohmarkt statt. Vor einem, dem Verfall nahen, alten Basler Haus steht in Scheineleganz der Händler. Die Schlange um seinen Hals soll die Kundschaft zum Verweilen anlocken. Er ist französischer Herkunft, hat einen Biskuitkopf und einen billigen Papiermaché-Körper. Auf seinem Verkaufstisch sehen wir Bronzebüsten, Marmorurnen, vielerlei Geschirr und Tabletts, Bilder und Bücher.
Prunkstück auf dem Bild Seite 143 unten ist die Litfaßsäule aus Metall. Ursprünglich wurde sie als Behälter benutzt, so zum Beispiel von der französischen Schokoladenfirma Menier. Dekoriert wurde sie mit lithographierten Bildern. Sie diente aber auch als Spardose und hatte Glasfenster (Katalog Sotheby, Dezember 1978). Hier wurde sie mit »Germany 1920« gekennzeichnet. David Pressland bestätigte mir jedoch, daß meine Litfaßsäule aus Frankreich käme. Wir sehen Plakate, die »Benedictiner Likör« anbieten und die neuesten Shows des Pariser Nachtlebens ankündigen. Auf Grund der Jugendstil-Plakate schätze ich das Herstellungsjahr der Säule auf 1905. Auf einem der 18 Plakate steht: »La Publicité du Journal est la plus efficace en raison de son GRAND TIRAGE et de sa clientèle choisie.« »Choisie« sind in der Tat die vornehme Mutter mit ihrem Töchterchen und der bescheidenen Dienerin im Hintergrund. Das Kind ist als Dame angezogen, was der damaligen Zeit entsprach. Die Dienerin ist 17 cm groß und von besonderer Feinheit. Sie hat einen geschlossenen Kopf (Eierkopf) und trägt Ohrgehänge aus alten Perlen in Metallösen. Ihre Schuhe sind gemalt und haben eine seitliche Verschnürung, flache Absätze und gelbe Sohlen; dies läßt auf die Zeit um 1870 schließen. Der Schulterkopf sitzt auf einem Stoffkörper, an dem die Arme und Beine aus Biskuit befestigt sind. Die Blumen bestehen aus Goldmetall, teilweise weiß bemalt; sie kommen aus der Tschechoslowakei.
Auf der Doppelseite 144/145 sehen wir zwei junge Mädchen, die gerade über die Schwelle ihres Hauses treten. Sie sind nur 10 cm groß; ihr Gesichtsausdruck läßt viele Schlüsse auf ihren Gemütszustand zu. Was mögen sie wohl vorhaben. Sind sie gar auf dem Weg zu einem unbekannten Abenteuer?
Auf Seite 146 oben versammeln sich Schornsteinfeger bei ihrer morgendlichen Besprechung, in welche Arbeitsbezirke sie ihre Stadt Basel einteilen sollen. Sie befinden sich in Klein-Basel mit Blick auf das Münster ... aber wo ist denn der Rhein geblieben? Dieser bekannte und schöne Blick auf das Münster ist doch nur über den Fluß hinweg möglich ... Und die alte Straßenlaterne sucht man vergeblich in der Wirklichkeit. Aber Traum und Wirklichkeit haben keine Geltung in der Puppenwelt.
Bei den Schornsteinfegern – Badekinder oder Charlotten genannt – handelt es sich um Tintenwischer, wie sie in der Zeit vor Füllhalter und Kugelschreiber stets gebraucht wurden. Somit können wir auch etwas über die Herstellungszeit aussagen, nämlich zwischen 1880 und 1900 müssen sie entstanden sein. Die sehr fein gehäkelte Kleidung, einschließlich der Kopfbedeckung, überspannt in einem Stück die Körper.
Die Leiter ist eine übersponnene Haarnadel, der Wedel besteht aus dem gleichen schwarzen Garn. Die Puppen stehen auf einem gehäkelten Boden, der über mehrere Lagen aus Filz verfügt, zwischen denen einst die Schreibfeder abgewischt wurde. Sie galten als beliebte Zierde der Schreibtische, und zwar nicht nur der Schulkinder.
Meine Straßenlaterne ist dem reichhaltigen Eisenbahnzubehör entnommen, das von mehreren süddeutschen Firmen, vor allem aber von Märklin hergestellt wurde. Die Lampe ist 38 cm hoch und in den Farben Dunkelblau, Rot und Gold bemalt. Die Mattglaskugel enthält eine kleine Kerze.
Auf Seite 146 unten begegnen wir einer Hochzeitsgesellschaft. Vier elegant gekleidete Herren im schwarzen Abendanzug aus Filz tragen außerdem Zylinder, Krawatte und Uhrkette. Die Braut mit ihren Freundinnen ist in weiße Seide gekleidet. Ungewöhnlich sind die drei gleich gekleideten kleinen Mädchen mit den langen Mohairperücken. Aber noch seltener ist der kleine Knabe im Abendanzug mit Zylinder (aus Porzellan). Er ist eine wirkliche »bonnet doll«; in einem Stück gegossen.

DER DOMPTEUR IN DER PUPPENSTUBE

Da sitzen sie nun mit Freunden und Verwandten in der guten Stube und bewundern den Dompteur mit seinen lustigen Tieren. Das tanzende Katzenpaar, der Hund mit Zylinder und der Pudel mit dem Stock in der Schnauze sind Wiener Kunstbronzen. Die Einrichtungsgegenstände der Stube einschließlich der Bilder stammen aus der Gründerzeit und sind sehr sorgfältig gearbeitet.

Die vielen kleinen Puppen haben eines gemeinsam: das gemalte schwarze Haarband. Im Biedermeier war diese Haartracht sehr beliebt, hielt sich aber darüber hinaus noch lange Zeit. Meine Puppen dürften in der Zeit zwischen 1850 und 1900 entstanden sein.

In England wird ein solches schwarzes Haarband *Aliceband* genannt. Diese Bezeichnung ist auf »Alice im Wunderland« von Lewis Carroll mit den berühmten Illustrationen von John Tenniel zurückzuführen, der Alice immer mit diesem schwarzen Haarband zeigt. Es gibt aber wesentlich ältere Darstellungen, auf denen dieses Haarband zu sehen ist; so etwa auf dem Caritas-Gemälde von Lucas Cranach (um 1535), auf dem Mutter, Tochter und Puppe so dargestellt sind.

In der amerikanischen Literatur wurde dieser Puppentyp sogar als *Alice head* oder *Alice character* bezeichnet.

KINDERGÄRTEN

Die Kinder aus der Stadt (Seite 148/149) und vom Land (Seite 150/151) haben sich im Kindergarten für eine Gruppenaufnahme aufgestellt.

Alle meine Kindergartenkinder sind etwa um 1900 entstanden; sie bestehen aus Biskuit, haben feststehende Glasaugen, Mohair- oder Garnperükken sowie Draht- und Gummizugverbindungen; Arme und Beine sind einteilig, Schuhe und Socken sind sämtlich gemalt. Die meisten von ihnen tragen noch ihre Originalkleidung. Sie sind ca. 9 cm groß. Auf den ersten Blick mögen alle Puppen gleich aussehen, aber das stimmt nicht; jede ist durch ihren Gesichtsausdruck unverwechselbar.

Sehr wenige von den Püppchen erhielten eine Marke; sehr wahrscheinlich wurde diesen kleinen Puppen von ihrem Hersteller nicht solche Bedeutung beigemessen wie den gleichzeitig hergestellten großen. Einige meiner Puppen tragen eine Nummer, doch ist die Bedeutung einer solchen Zahl nicht immer feststellbar. Sie kann sowohl Serien- als auch Größenangabe sein. Möglicherweise gibt sie aber auch den Grad der Verkleinerung an. So kann die Nummer 2/0 kleiner sein als die Nummer 1/0, weil hierdurch ein zweiter Grad der Verkleinerung angegeben werden soll (C. A. Stanton).

Die Frage, welche der Puppen deutsch, welche französisch ist, wurde schon früher von mir berührt. Sie ist aber selten zu beantworten. G. Angione ist sehr zurückhaltend mit ihren Zuschreibungen. Natürlich gibt es einige Kriterien, aber meist spricht man nur von einem deutschen oder einem französischen Typ.

Die kleinen Puppen wurden in der Fachliteratur lange Zeit vernachlässigt; hauptsächlich befaßte man sich mit den großen Puppen, die fast immer eine Herstellermarke trugen. Erst heute weiß man, daß fast alle berühmten Puppenfirmen auch kleine Größen herstellten. Die Arbeit an ihnen war jedoch viel mühsamer und verlangte nach einer sicheren Hand. In Deutschland war es vor allem Armand Marseille, der sich den Kleinen widmete, aber auch Kämmer & Reinhardt, Simon & Halbig sowie die Gebrüder Heubach wagten sich an die Herstellung kleiner Puppen. In Frankreich sind vor allem Jules Steiner, Jumeau und Bru zu nennen.

DAMEN UNTER SICH

Das obere Bild zeigt besonders ungewöhnliche Möbel. Sind das wirklich alles Puppenstubenstücke? Genau genommen gilt das nur für den Tisch und den Stuhl mit dem roten Sitzkissen. Sie sind aus feuervergoldetem Metall und besonders reich verziert. Die Tischplatte weist ein Muster auf, und die Beine imitieren eine Drechslerarbeit. Das Sofa und die beiden Stühle mit den blauen Sitzkissen sind jedoch keine Puppenstubenmöbel; sondern gußeiserne Halter für Herrentaschenuhren, bei denen ich den Haken entfernt habe.

Auf dem Tisch stehen herrliche Gläser, die aus Venedig, Böhmen oder Lauscha/Thüringen stammen können. Die Messingschale mit blauem Glaseinsatz entstand wahrscheinlich in Frankreich.

Die drei Püppchen aus der Zeit um 1850 haben eine ausgefallene Konstruktion: Sie haben blonde Schulterköpfe aus Biskuit und aus Holz geschnitzte Hände, die bei den beiden äußeren Puppen an einem mit Stoff bezogenen Drahtgestell befestigt sind. Die mittlere Puppe hat statt eines Körpers nur einen Griff aus Holz. Die Kleidung der drei ist typisch französisch: blaue Seide mit Spitzen besetzt, überzogenen Knöpfen und Brokatverzierungen. Diese drei Damen waren meiner Ansicht nach jedoch nicht als Puppenstubenbewohner gedacht.

Auf dem unteren Bild sehen wir vier Püppchen; drei von ihnen sitzen ziemlich steif mit ausgestreckten Beinen auf ihren Stühlen. Der Grund: die Füllung ihrer Körper ist nach unten gerutscht, was leider sehr häufig bei dieser Art von Puppen passiert.

Alle vier stammen aus der Zeit um 1860. An ihren flachen, gemalten Schuhen und ihren einfachen Frisuren erkennt man, daß sie zu den frühesten Puppenstubenbewohnern gehören. Sie haben einen glasierten Schulterkopf und unglasierte Arme und Beine.

Der Geschirrschrank im Hintergrund ist aus imitiertem Rosenholz; seine weißen Leisten sollen Elfenbein vortäuschen. Die Bilder in den pompösen Barockrahmen stammen aus der Gründerzeit. Als Teppich dient ein handgesticktes Geldtäschchen. Der Hintergrund ist ein altes Vorsatzpapier; der Fußboden wurde passend zum Mobiliar gewählt.

BEI DEN DREI SCHÖNEN

Diese drei Damen gehören zum feingliedrigsten und schönsten Puppenstubentyp, der je hergestellt wurde. Sie stammen aus der Zeit um 1850 bis 1860. Schulterköpfe, Arme und Beine sind aus Biskuit, der Körper aus Stoff. Allgemein werden sie zu den frühen Sonneberger Puppen gerechnet. Die einfache Haarfrisur und die flachen Schuhe helfen bei der Datierung. Die Kleidung ist alt und stilgerecht. Der alte Herr ist nach der Mode um 1900 gekleidet.

Die Möbel stammen aus der Zeit um 1850. Sie wurden aus hochpoliertem Nußbaum gefertigt; die Sitzpolster sind aus Seide. Auf der Kredenz befinden sich schöne Becher aus Zinn mit grünem Glaseinsatz. Die Glasschale und der gläserne grüne Kerzenleuchter kommen aus Venedig. Auf dem Tischchen ganz links steht ein Segelschiff aus feingesponnenen Glasfäden, wie man sie heute auch im Glasmuseum in Wertheim ausgestellt findet. Derartige kunstvolle Miniaturen wurden aber auch in Italien, Frankreich und England im frühen 19. Jahrhundert hergestellt. Der kleine Teppich ist eine moderne Kopie eines alten Kreuzstichmusters. Als Bild – eine eigenartige Komposition von Kartonprägekunst mit goldenem und grünem Dekor als Umrahmung eines Emaille-Medaillons – habe ich den Deckel einer alten Dose verwendet.

DAS KINDERPARADIES

Zwei Freunde aus dem Kindergarten sind zu Besuch und dürfen sogar über Nacht bleiben. Deshalb schlafen auch jeweils zwei Kinder in meiner Stube in einem Bett. Es ist ja so auch viel lustiger, wenn man sich vor dem Schlafen noch ein wenig über die umherliegenden Spielsachen unterhalten kann.

Die Möbel – Betten, Kleiderschrank, Nachttisch, Waschkommode – stammen aus der Zeit von 1850 bis 1870. Es gab sie in großer Auswahl, verschiedenen Mustern und Größen, so paßten sie in jede Puppenstube. Die weißen Streifen sollen Elfenbeineinlagen imitieren. Die beiden Eisbärenfelle haben wirkliche Gebisse und sehr echt wirkende Glasaugen. Der 10 cm große Teddy auf dem Stuhl ist 60 Jahre alt und wohl einer der ältesten, die heute noch erhalten sind. Ganz rechts steht eine kleine Pferdedroschke aus Blech, von der Firma Hess aus Nürnberg (Väterlein). Die Miniaturen auf dem Schreibtisch waren früher Pfennigware. Das Hündchen, das sich unter einem der Bettchen verkrochen hat, kommt aus England. Die Kinderbilderbücher habe ich selbst hergestellt.

DIE ALTEN HERRSCHAFTEN

Nun sitzen sie hier friedlich in ihrer Bibliothek, nachdem sie eine steile Karriere auf der Puppentheaterbühne hinter sich gelassen haben. Wir sehen hier noch einmal Marionetten mit holzgeschnitzten Köpfen; Arme und Beine hängen an Drahtgestellen. Die ausdrucksvollen Gesichter wurden auf eine zusätzliche Modelliermasse (Gesso) gemalt. Als Entstehungszeit vermute ich die erste Hälfte des 19. Jahrhunderts. Ihre Kleidung aus Baumwolle, Wollstoff und Seidenbändern ist original. Die alte Dame trägt unter ihrem Spitzenhäubchen noch eine rote Haube mit einem gemalten weißen Band. Ihr Mann schaut in die Zeitung, die in eine Metallschiene auf einem Ständer geklemmt ist, ähnlich wie wir es heute noch in manchen Kaffeehäusern finden können. Die Zeitung hat den Titel »Kinder-Bazar« und enthält sechs höchst unterhaltsame Seiten; leider ist nirgends eine Jahreszahl vermerkt. Die Zeitung kündigt ein »Großes Vogelschießen« an und bringt daneben einige »Verlobungsanzeigen«.

Ob der alte Herr noch einmal aus dem Haus gehen wird? Auf dem Schoß liegen Schirm und Zylinder für den Ausgang bereit. (Der Schirm birgt allerdings in sich eine Schreibfeder, und der Zylinder dient als Tintenfaß.) Auf dem Bücherschrank sehen wir die zu jener Zeit auch in Puppenstuben beliebten Büsten von Goethe und Schiller. Sie stammen aus verschiedenen Manufakturen, »Goethe« zum Beispiel von KPM, Berlin, und Schiller aus Meißen. Die Hündchen sind wieder aus England.

Die Buchattrappen in und auf dem Bücherschrank habe ich mit Hilfe eines von der Firma L. Levison, Kopenhagen, bedruckten Einwickelpapiers selbst hergestellt. Der Bücherschrank stammt aus der Zeit um 1850. Die beiden wunderschönen Sessel sind aus dem 18. Jahrhundert; man findet solche auch in holländischen Puppenhäusern.

ANHANG

D'Allemagne, Henri René: Histoire des jouets. Paris o. J.
– : Recréations et passe-temps. Paris o. J.
Andersen, Hans Christian: Pengegrisen. Kopenhagen 1854
Angeletti, Charlotte: Aus Münchner Kinderstuben 1750–1930. Schriften des Münchner Stadtmuseums. Bd 5. München 1976
– : Holzspielzeug. In: Volkskunst. H. 3/1978
Angione, Genevieve: All-bisque and half-bisque dolls. Toronto 1969
– und Whorton, Judith: All dolls are collectible. New York 1977
Anschütz, R.: Spielwarenindustrie. In: Handelsvertragsverein. H. 3/1901
Ariès, Philippe: Geschichte der Kindheit. München 1978

Bachmann, Manfred (Hrsg.): Das Waldkirchner Spielzeugmusterbuch. Neudruck. München 1977
– und Hansmann, Claus: Das große Puppenbuch. Tübingen 1971
Baecker, Carlernst, Haas, Dieter und Jeanmaire, Claude: Märklin, Technisches Spielzeug im Wandel der Zeit. Frankfurt/Main, Bd 1ff, 1975ff.
– und Haas, Dieter: Die anderen Nürnberger. Technisches Spielzeug aus der guten alten Zeit. Frankfurt/Main, Bd 1ff. 1973ff.
– und Väterlein, Christian: Hundert Jahre Blechspielzeug. Frankfurt/M. in Vorb.
Baker, Roger: Puppen und Puppenhäuser. Wiesbaden 1978
Bayer, Lydia: Das europäische Puppenhaus von 1550–1800. Diss. Würzburg 1962
– : Jugendstil im Puppenreich. In: Puppen & Spielzeug. H. 2/1977
Becker, Antoinette u.a.: Spiele und Vorspiele. Frankfurt/Main 1978
Beitl, Richard: Der Kinderbaum. Berlin 1942
– (Hrsg.): Wörterbuch der deutschen Volkskunde. Stuttgart 1955
Benjamin, Walter: Über Kinder, Jugend und Erziehung. Frankfurt/Main 1969
Benson, A.C. und Weaver, Lawrence: Everybody's book of the Queen's dolls' house. London 1924
Berger, Jutta; Zinnspielwaren Krause/Gotha. Vom Handwerk zur kapitalistischen Produktion. In: Gothaer Museumsheft 1972
Bishop, George: The world of clowns. Los Angeles 1976
Borràs, Maria Lluisa: Mundo de los jugettes/Welt der Spielzeuge. Düsseldorf und Lausanne 1969
Brückner, Wolfgang: Populäre Druckgraphik Europas: Deutschland. München 1969
Byfield, Magdalena: Dolls' house dolls 1850–1900. Enfield 1977
Cadbury, Betty: Playthings past. London u.a. 1976
Claretie, Léo: Les jouets. Histoire, fabrication. Paris o. J.
Cole, Ann Kilborn: Touring Mary Merrit's doll museum. Katalog. 1963
Coleman, Dorothy S., –, Elizabeth und –, Evelyn J.: The age of dolls. Washington 1965
– : The collector's encyclopedia of dolls. New York 1968
– : The collector's book of dolls clothes. London 1976
Cooper, Marlowe: Doll house library series. 11 Bde. Vista, Cal. 1970ff.
– und van Kampen, Dee: A taste of honey, googlys, characters, costumes. Escondido, Cal. 1976
Cramer, Martha und Pack, Charlotte: China heads. Ed.: Heart of Ohio Doll Club. Ohio 1971

Daiken, Leslie: World of toys. London 1963
Delachaux, Theodore: Jouets rustiques Suisses. In: Schweizerisches Archiv für Volkskunde 1914
Desmonde, Kay: All colour book of dolls. London 1974
– : Dolls and dollshouses. London 1972
Dolz, Renate: Zinn. München 1977

Eaton, Faith: Puppen in Farbe. München 1976
Emde-Naegelsbach, Barbara: Spielzeug. München 1974

Fawcett, Clara H.: Dolls. A guide of collectors. New York 1947
Flick, Pauline: Discovering toys and toy museums. Aylesbury 1971ff.
Fraenger, Wilhelm: Der Bildermann von Zizenhausen. Erlenbach und Zürich 1922
Fraser, Antonia: Geschichte des Spielzeugs. Oldenburg und Hamburg 1966
– : Puppen. Frankfurt/Main 1963
Fritzsch, Karl Ewald: Erzgebirgische Spielzeugmuster. In: Deutsches Jahrbuch für Volkskunde 1958.
– und Bachmann, Manfred: Deutsches Spielzeug. Hamburg 1965

Gantner, Theo und Hartmann, Waltraud: Das Spielzeugbuch. Frankfurt/M. 1973
– : Geburt, Taufe, Kleinkind. In: Schweizer Volkskunde. H. 2/1969
Garde, Georg: Theatergeschichte im Spiegel der Kindertheater. Kopenhagen 1971
Geist, Hans Friedrich und Mahlau, Alfred: Spielzeug. München 1971
Gerken, Jo Elizabeth: Wonderful dolls of wax. Lincoln, Neb. 1964
– : Wonderful dolls of papier mâché. Lincoln, Neb. 1970
Greene, Vivian: English dolls' houses of the eighteenth and nineteenth centuries. London 1955
– : Family dolls' houses. London 1973
Griffith, Ralph W.: Once upon a time. Parkville, Miss. o. J.
Gröber, Karl: Die Puppenstadt der Fürstin von Schwarzburg-Arnstadt. Königstein o. J.
– : Kinderspielzeug aus alter Zeit. Berlin 1927
– und Juliane Metzger: Kinderspielzeug aus alter Zeit. Neuausg. Düsseldorf 1965
Gross, Claus-Peter und Frecot, Janos: Puppe, Fibel, Schießgewehr. Katalog. Berlin 1976
Guggenbühl, Paul: Brienzer Schnitzereikunst. In: Schweizerische Schreinerzeitung. Sept. 1972

Hart, Luella: Complete French doll directory, 1801–1964. 1965
– : Directory of British dolls. 1964
– : Directory of German dolls. 1964
Herčik, Emanuel: Volksspielzeug. Prag 1952
Hertz, L. H.: The toy collector. New York 1969
Hillier, Mary: A pageant of toys. New York 1965
– : Puppen und Puppenmacher. Frankfurt/Main 1968
– : Automata and mechanical toys. London 1976
His, Hans Peter: Altes Spielzeug aus Basel. Schriften des Histor. Museums Basel. Bd. 1/1973
Hoeber, Fritz: Alte Puppen. In: Kunst & Handwerk 27/1972
Holme, Geoffrey: Children's toys of yesterday. New York und London 1932
Husfloen, Kyle D. (Hrsg.): Book of collectible dolls. Nachdruck. Dubuque, Iowa 1976

Jacobs, Flora Gill: A history of dolls' houses. London 1954
– : A world of dollhouses. New York 1965
– : Dolls' houses in America. New York 1974
– und Faurholt, Estrid: A book of dolls and doll houses. Rutland, Verm. 1967
Jacobson, Carol L.: A sentimental portrait of dolls, 1850–1950. Bd 1. Seattle und Washington 1973
Johnson, Audrey: How to make dolls' houses. London 1957
– : Furnishing dolls' houses. London 1972
Johnson, Mary L.: Snow babies. In: Nebraska Convention Book. Omaha, Neb. 1972

Kaut, Hubert: Alt-Wiener Spielzeugschachtel. Wien 1961
Keil, Otto: Spielzeug aus dem Deutschen Spielzeugmuseum Sonneberg. Nachdruck Leipzig 1953
King, Constance E.: Puppen und Puppenhäuser. Zollikon 1977
Kruse, Käthe: Das große Puppenspiel. Heidelberg 1951

Kunz, Johanna: Alte Puppenküchen. In: Puppen & Spielzeug. H. 1/1977
Kutschera, Volker: Spielzeug. Salzburg 1975

La Roche, Meta: Spielsachen im alten Basel. Basel 1958
Latham, Jean: Dolls' houses. London und New York 1969
– : Miniature antiques. London 1972
Lehmann, Emmy: Die Puppe im Wandel der Zeiten. Schriftenreihe des deutschen Spielzeugmuseums Sonneberg, Thüringen. Leipzig 1957
– : Die Sonneberger Puppe. In: Thüringer Heimat. Bd 4/1957
– : Die Sonneberger Puppenmacher. In: Deutsches Jahrbuch für Volkskunde. Bd 4, T. 2/1958
Lenz, Siegfried: Heimatmuseum. Hamburg 1978

Mc Clinton, Morrison K.: Antiques in miniature. London 1970
Marwitz, Christa von der: Spielzeug aus Frankfurter Familienbesitz. Frankfurt 1965
– : Der kleinen Kinder Zeitvertreib. Darmstadt 1967
Meyer, Gertrud: Die Spielwarenindustrie im sächsischen Erzgebirge. Diss. Leipzig 1911
Mielke, H. P. (Hrsg.): Katalog des Glasmuseums Wertheim. 1977
Moore, Brian: The great Victorian collection. London 1975
Muller, Samuel und Vogelsang, Willem: Holländische Patrizierhäuser. Utrecht und Haag 1909
Musgrave, Clifford: Queen Mary's dolls' house. London 1967

Noble, John: Dolls. London und New York 1967
– : A treasury of beautiful dolls. New York 1971

O'Brien, Marian Maeve: The collector's guide to dollhouses and dollhouse miniatures. New York 1974
Ortmann, Erwin: Zinnfiguren einst und jetzt. Leipzig 1975

Philippowitch, Eugen von: Elfenbein. Braunschweig 1961
Pressland, David: Die Kunst des Blechspielzeugs. Zürich 1977
– : The steam toy. London 1978

Remise, Jacques und Fondin, Jean: L'age d'or des jouets. Lausanne 1967
Revi, Albert Christian (Hrsg.): Spinning Wheels complete book of dolls. New York 1975
Roh, Juliane und Hansmann, Claus: Altes Spielzeug aufs Schönste gemacht. München 1958
Röhler, Walter: Große Liebe zu kleinen Theatern. Hamburg 1963
Ruthberg, Helen: The book of miniatures, furniture and accessoires. Radnor, Penn. 1977
– : Miniature room settings. Radnor, Penn. 1978

St. George, Eleanor: The dolls of yesterday. London und New York 1948
– : Old dolls. New York 1950
Sax, E.: Die Hausindustrie in Thüringen. Bd 1–3. Jena 1885
Schulte, Hansgerd (Hrsg.): Spiele und Vorspiele. Frankfurt/Main 1978
Schumacher, Tony: Wie ich zu meiner Puppensammlung kam. Stuttgart o. J.
Schweizer, Bruno: Die Geschichte der Kleinzinngießerei in Diessen/Ammersee. Diessen 1930
– , Babette: Kunstgewerbliche Zinngießerei. Katalog. Diessen/Ammersee
Schwindrazheim, Hilda: Altes Spielzeug aus Schleswig-Holstein. Heide 1956
Sézan, Claude: Les poupées anciennes. Paris 1930
Shea, Ralph A.: Doll mark clues. Ridgefield, N. J. Bd 1–6. 1972–1975
Smith, Patricia R.: Modern collector's dolls. Paducah, Kent 1973
– : Kestner and Simon & Halbig dolls. Paducah, Kent. o. J.
– : Antique collector's dolls. Paducah, Kent 1976
Stanton, Carol Ann: Heubach's little characters. Enfield 1978
– : Hallo, dolly! In: Antiques & Art. Okt. 78
– : Living dolls. In: Magazin
Stille, Eva und Beitlich, Peter: Aus der Küche um 1900. München 1978
– und Pfistermeister, Ursula: Alter Christbaumschmuck. Nürnberg 1972

Tyler, E. J.: Schöne alte Uhren. New York und Bayreuth 1976

Wagner, Eckard: Zinn des Jugendstils. Katalog. Köln 1978
Walzer, Albert: Liebeskutsche, Reitersmann, Nikolaus und Kinderbringer. Konstanz und Stuttgart 1963
Weber-Kellermann, Ingeborg: Die deutsche Familie. Frankfurt/Main 1974
Wechssler-Kümmel, Sigrid: Schöne Lampen, Leuchter und Laternen. Heidelberg und München 1962
White, Gwen: Ancient and modern dolls. London und New York 1928
– : A book of toys: London und New York 1946
– : A book of dolls. London und New York 1956
– : Dolls of the world. London und New York 1962
– : European and American dolls. London und New York 1966
– : Antique toys and their background. London und New York 1971
– : Toys, dolls and automata marks and labels. London 1975
Die Wiege des Teddybären. Festschrift der Firma Margarete Steiff. Giengen a.d. Brenz o. J.
Wilckens, Leonie von: Tageslauf im Puppenhaus. München 1956
– : Das Puppenhaus. München 1978
Wittkop-Menardeau, Gabrielle: Von Puppen und Marionetten. Zürich und Stuttgart 1962

Das folgende englisch-deutsche Glossar enthält in alphabetischer Reihenfolge eine Auswahl der wichtigsten englischen Fachausdrücke, die in deutscher Sprache erklärt oder auch nur übersetzt werden. Ein alphabetisches deutsches Stichwortverzeichnis verweist auf die englischen Oberbegriffe. Es muß dabei ausdrücklich betont werden, daß hier keinerlei Anspruch auf Vollständigkeit erhoben wird. Dieses Glossar soll dazu dienen, dem Sammler beim Studium der vorwiegend in englischer Sprache verfaßten Fachliteratur zu helfen und die ebenfalls häufig in englischer Sprache abgefaßten Auktionskataloge besser zu verstehen. Außerdem beabsichtigt es, die ursprüngliche Bedeutung bereits geläufiger englischer Bezeichnungen noch einmal festzuhalten. Für die Zusammenstellung der Begriffe wurden folgende Bücher herangezogen: Coleman, The Collector's Encyclopedia of Dolls; Gerken, Wonderful Dolls of Papier mâché; V. Greene, Family Dolls' Houses; King, The Collector's History of Dolls; White, European and American Dolls; sowie Lexikon der Kunst; American Encyclopedia; Encyclopedia Britannica; Funk & Wagnalls, College Standard Dictionary.

Adelaide (-heads)
Bezeichnung für einen Puppentyp. Er ist auf Prinzessin Adelaide von Sachsen-Meiningen, die Gemahlin Wilhelms IV. von England, zurückzuführen, die zu ihrer Zeit eine berühmte Schönheit war. Auch nach Prinzessin Alexandra von Dänemark wurde ein Puppentyp benannt. → *Eugenie style, Gibson girl, Portrait dolls*

Aliceband
Bezeichnung für eine bestimmte Haartracht, bei der die Haare zurückgekämmt und mit einem schwarzen Band zusammengehalten sind. Geht zurück auf die Illustrationen zu Lewis Carroll, Alice in Wonderland (1865). Diese Haartracht ist jedoch schon früher bekannt, wie das Gemälde »Caritas« (um 1537) von Lucas Cranach zeigt.

All-bisque
Puppe, die ganz aus unglasiertem Biskuitporzellan besteht, mit und ohne Artikulation. → *Articulation, Bisques, Half-bisques*

Anne → *Queen Anne*

Applied ears (thumbs, noses)
Nachträglich dem schon geformten Kopf angefügte Ohren oder Nasen, bei Händen die Daumen; meistens ein Zeichen für qualitätvolle Puppen. → *Ears*

Armature
Gestell aus Draht oder Holz als Gerüst bei Puppen ohne richtigen Körper

Arms
Arme
bent gebogen (e Arme)
fixed feststehend
jointed verbunden
jointed with half balls in sockets verbunden durch Pfannen mit Halbkugeln
jointed with stringing loops verbunden mit Ösen für Gummi
double jointed mit Rundkugeln
pegged mit Holzkeilen
stiff steif, unartikuliert → *Articulation*
wirestrung mit Drähten verbunden

Articulation, articulated
Beweglichkeit der Gliedmaßen. Bei Automatenpuppen kann auch Laufen, Sprechen, Atmen, Trinken, Essen und Pfeifen darunter verstanden werden.

Baseball-stitch
Unterscheidung bei Lederkörpern. Überwendlicher Stich bei Nähten, im Unterschied zu whipping stitch, bei dem das Material nur zusammengezogen wird.

Bathing doll
Badepuppe, die ganz aus Porzellan ist und daher waschbar. → *Charlotte*

Bébé
Bezeichnung für einen französischen Puppentyp; ab 1870 spricht man eher von »poupées«. Unterschieden werden z.B. Bébé-Têteur, Bébé-Petit pas, Bébé-Elite u.a.

Belton, besser *Belton type*
Puppe mit einem geschlossenen Biskuitkopf mit zwei oder drei Löchern, die zum Einziehen der Verbindungsschnüre oder zur Befestigung einer Perücke dienen. Der geschlossene Belton-Typ-Kopf ist oben abgeflacht mit leichter Einbuchtung, zu unterscheiden von »Eierkopf« (ball head oder bald head type). Ob diese Bezeichnung auf Mr. Belton zurückzuführen ist, bis 1852 Mitarbeiter von Jumeau in Paris, ist nicht gesichert. → *Heads*

Bent limb
Babypuppe mit angewinkelten Gliedern, meist fünfteilige Biskuit-, Zelluloid- oder Kompositionspuppen, im Gegensatz zu straight legs, die nicht nur sitzen, sondern auch stehen können. → *Toddler*

Bibelot
franz.: Spielzeug oder Nippes; kleiner Kunstgegenstand für Vitrine, Wandbrett, Piano oder Puppenstube.

Biedermeier
Dieses deutsche Wort, hier meist für Möbelstil gebraucht, wird im Englischen häufig für Puppen benutzt. Verstanden werden darunter entweder Porzellanpuppen mit schwarzem gemaltem Scheitelpunkt oder Puppen allgemein mit Hochglanzbrennung. Manchmal werden auch alle Puppen der Periode zwischen 1800 und 1840 darunter verstanden.

Bisques, auch *biscuit dolls*
Gruppenbezeichnung für Puppen aus Biskuit, also aus unglasiertem, zweimal gebranntem Porzellan. Precoloured oder selfcoloured, wenn die Biskuitmasse vor dem Brennen eine Tönung erhalten hat.

Black spots
Puppen mit gemaltem schwarzem Fleck auf dem Scheitel, um die Stelle für die Perücke anzugeben. → *Biedermeier, Wigs*

Blonde Bisques
Schulterkopfpuppen aus unglasiertem Biskuit mit modellierten Haaren, oft auch mit modelliertem Schmuck und leicht rosa getöntem Teint.

Blushing
wörtlich: erröten, bei Puppen jedoch für leicht rote Tönung an Händen oder Füßen gebraucht. → *Lustre*

Body
Körper: a. Material
wood Holz
bisque Biskuit
cloth Stoff
kid Ziegenleder
b.-stuffing Füllung
cork meal Korkmehl
grass Heu
hair Haar
sawdust Sägemehl, Holzspäne
rags Lumpen
c.-sewing Nähte
handsewn handgenäht
machine sewn mit der Maschine genäht

Bonnet dolls
Puppen mit Hüten, Mützen, Helmen, Zylindern, die zusammen mit dem Kopf aus Biskuit, Wachs oder Porzellan geformt sind, oft verziert mit Goldluster oder anderen Farben für Bänder, Federn und Blumen.

Boots → *Shoes*

Bristol type glass
Bezeichnung für eine bestimmte blaue Glassorte, die in der englischen Stadt Bristol hergestellt wurde. Ebenso für Beinglas oder Opalin, perlmutterartiges, undurchsichtiges Glas, dem Quarz zugesetzt wurde. Weitere Herstellungsorte: Lauscha/Thüringen, Passau und Murano.

Britannia
Um 1800 von Dixon & Sons entwickelte leichte Metall-Legierung aus Zinn, Kupfer und Antimon, verdrängte das früher verwendete reine Zinn (engl. pewter) und wird heute für fast alle aus Zinn und Zinn-

legierungen gefertigten Gegenstände verwendet.

Candystore dolls
Kleine, billige Puppen, die zusammen mit anderen Nippes und Bonbons in die USA exportiert wurden und dort vor allem zu Weihnachten in Süßwarenläden (candy stores) verkauft wurden.

Cartons
Heute selten gebrauchter Begriff für Puppen aus Kartonmasse verschiedener Mischung und Schichten (franz. pâté, plâtré), ab ca. 1850. → *Composition*

Characters
Puppen mit individuellem Gesichtsausdruck, fälschlich angewendet auch für Porträtpuppen, die bestimmte Persönlichkeiten darstellen. → *Pouty*

Charlotte, auch *frozen charlotte*
Aus dem Amerikanischen übernommener Begriff für steife, meist glasierte einteilige Porzellanpuppen der verschiedensten Größen. Weitere Bezeichnungen penny dolls, pillar dolls, bathing babies, pudding dolls. Der Name ist auf eine Ballade aus Vermont (USA) zurückzuführen, die von einem Mädchen namens Charlotte handelt, das im Schnee erfriert. → *Bathing doll*

China heads, auch *China dolls*
Glasierte Porzellanpuppen, in Amerika versteht man darunter meist nur »Schulterköpfe«, in England Puppen, die ganz aus Porzellan sind.

Circles, auch *crescents*
Rund oder oval geschnittene Stoffteile oder Lederstücke, die eingesetzt sind, um die Puppen beweglicher zu machen.
→ *Gussets*

Clothbodies
Stoffkörper, Material
cambric feines weißes Leinen
cotton Baumwolle
nankeen beige, starke Baumwolle
shirting Hemdenstoff
linnen Leinen, Drillich
→ *Fabric dolls, Rag dolls*

Coiffures
Auch *coifs* – Kopfbedeckung, Kappe, Bezeichnung für Puppen von etwa 1840.
→ *Milliners*

Complexion
Gesichtsfarbe
tinted getönt → *Lustre*
painted and glazed gemalt und glasiert
painted under second bisque firing vor dem zweiten Brennen bemalt
varnished lackiert, gelackt

Composition, compo
Komposition, Mischmasse aus Papier, Stoff, Leim und anderem Material für Puppenkörper und Glieder. Wird in Formen gepreßt. → *Cartons, Papier mâché*

Cone-shaped dolls
Puppen, bei denen der Körper wie eine spitz zulaufende Eistüte geformt ist. Kopf, Beine und Arme sind angesetzt. Früher aus Holz, später aus Stoff.

Conversation piece
Nippes, Dekorationsstücke besonders für den Salon, Ende des 19. Jahrhunderts, auch parlor ornament genannt. Auch viele kleine Puppen fallen unter diesen Begriff. → *Bibelot*

Corn husk doll, corn shuck doll
Puppen, die aus Getreidestrünken gemacht sind.

Crescents → *Circles, Gussets*

Cutaway heads
Puppenköpfe, bei denen der Hinterkopf schräg abgeschnitten und später unter der Perücke mit einem Pappkarton geschlossen wurde. Grund war eine Gewichtsverringerung im Hinblick auf die Zollgebühren.

Dating
Datierung nach Perioden der englischen Geschichte, die vor allem in der englischen Fachliteratur (V. Greene) benutzt wird und gleichzeitig einen bestimmten Puppentypus bezeichnet.
George I, 1714–27
George II, 1727–60
George III, 1760–1820
Regency, etwa 1811–1820
George IV, 1820–1830
William IV, 1830–37
Early Victorian, 1837–55
Mid-Victorian, 1855–75
Late Victorian, 1875–1900

Die-sinking
Formen des Metalls, indem es zwischen zwei Matrizen gepreßt wird, die einen Hohlraum lassen. Eine Methode, die in England erfunden wurde und bald auch für Puppenstubenzubehör verwendet wurde.

Dresden-type
Vor allem in den USA verwendeter Begriff für Puppen, deren Köpfe in der Manufaktur in Meißen hergestellt wurden, auch für unglasierte Parian-Puppen von der Mitte des 19. Jahrhunderts an. → *Parian*

Duncan Phyfe
Früher von Vivian Greene verwendete Bezeichnung für einen bestimmten Puppenstubenmöbeltyp (seit 1850) nach dem amerikanischen Möbelhersteller dieses Namens (1768–1854). Bei einer Reise in der DDR entdeckte sie die Originalvorlagen in der Gegend von Waltershausen und nennt diesen Stil jetzt nach diesem Ort. Die so genannten Möbel sind aus imitiertem Rosenholz mit Goldverzierung. Man verwendet häufiger die Bezeichnung »Boulle« nach dem gleichnamigen französischen Ebenisten (um 1750), also hundert Jahre früher als der Möbelstil.

Dutch dolls
Geschnitzte Holzpuppen, auch Flandern babies, Penny woodens oder Grödner Tal-Puppen genannt. Ob »dutch« bedeutet, daß sie aus Holland exportiert wurden oder ob es eine Verstümmelung von »deutsch« ist, darüber sind sich die Fachleute uneinig. Die Puppen haben teilweise mit Dübeln (pegs) verbundene Glieder, teilweise auch Kugelgelenke. Die Bezeichnung wird auch bei Puppen verwendet, die einen Holzkörper, jedoch einen Schulterblattkopf aus Porzellan haben. Hergestellt wurden sie in armen waldreichen Gegenden. Die Bemalung ist einfach; oft haben sie gelb gemalte Kämme im Haar.

Ears
Ohren
attached ears beim Guß mitangefügte Ohren
applied ears nachträglich anmodellierte Ohren
pierced ears für Ohrringe durchstochene Ohren
exposed ears bei der Haartracht freistehende Ohren

Enigma
Nicht mehr verwendete Bezeichnung für Puppen, die heute als → *Motschmann type* bezeichnet werden.

Eugénie style
Nach der Frisur der Kaiserin Eugénie, Gemahlin Napoleons III., dem sogenannten Chignon mit im Porzellan geformten Netz darüber, der heute für alle Puppen mit dieser Haartracht verwendet wird. → *Hair style, Portrait dolls*

Eyes
Augen
painted eyes gemalte Augen
glass eyes Glasaugen allgemein
milk glass eyes Augen aus Milchglas
blown glass eyes mundgeblasene Augen, gewölbt
porcelain eyes Porzellanaugen
bead eyes Augen aus Perlen
pupilless eyes Augen ohne Pupillen, nur Iris
intaglio geformt und vertieft
feathered, paperweight, filamented eyes Strahlen-Iris, Fadenglas-Iris

highlighted eyes weißer Punkt am oberen Rand
lowlighted eyes weißer Punkt am unteren Rand
stationary eyes feststehende Augen
sleeping eyes Schlafaugen
wire-articulated eyes durch Draht bewegliche Augen
side glancing flirting eyes seitlich bewegbare Augen, Schelmenaugen
googlie eyes übergroße, runde Augen, seitlich schauend
bulbous eyes durch Kristallglas überhöhte Augen
flush eyes Augen, die nicht vorgewölbt sind

Eyebrows
Augenbrauen
painted eyebrows gemalte Augenbrauen
pencilled eyebrows gestrichelte Augenbrauen
stitched eyebrows punktierte Augenbrauen

Eyelashes
Augenwimpern
painted gemalt
with real hair aus echtem Haar

Eyeline
Eigentlich Lidstrich, hier ist aber eine rote, seltener eine schwarze Linie im Augenlid gemeint, häufig vor 1850, aber als Datierungshilfe nicht unbedingt zuverlässig.

Fabric dolls
Puppen aus Stoff, meist Baumwolle oder Filz, z.B. von Käthe Kruse oder Lenci (Italien). → *Clothbodies, Rag dolls*

Fashion dolls
Bezeichnung für die besonders hübsch bekleideten französischen Puppen nach 1870, deshalb auch häufig → *French fashion dolls*. Heute nicht mehr üblich, da diese »Lady dolls« nicht – wie lange Zeit angenommen wurde – Modepuppen waren. → *Parisienne, Simonne*

Feeding doll
Puppe mit geöffnetem Mund für Flasche oder Schnuller. Am bekanntesten ist die sogenannte Bru-Têteur, hergestellt von der französischen Firma Bru.

Fillers
Material, mit dem die Stoff- oder Lederkörper gefüllt wurden und das Rückschlüsse auf Hersteller und Zeit erlaubt.
→ *Body stuffing*

Fingers
Finger
forklike fingers steife, gabelartige Finger
spadelike fingers steife, spatenartige Finger
spoonlike fingers steife, löffelartige Finger
index finger Zeigefinger
separately wired fingers Finger einzeln abgenäht und mit Draht verstärkt

Flange, flanged
Flansch oder geflanscht. Bezieht sich auf Puppen, bei denen der Kopf drehbar, oft durch Stoff gefaßt, eingebunden ist.

Flappers
Ein aus Europa kommender Puppentyp mit dem in den 20er Jahren beliebten kurzen Rock und überlangen Beinen; Knie oft unproportioniert hoch angesetzt. Hergestellt wurden sie u.a. von Armand Marseille, vor allem aber in großen Mengen in den USA.

Flock, flocked
Kopf oder auch der ganze Körper (→ *snow babies*) ist mit pulverisiertem Material (Baumwollstaub, Wollfasern, Federn, Haar, Porzellankrümel) überzogen.

Fortune tellers
Wahrsagepuppen. Der Rock besteht aus vielen einzelnen farbigen Blättern, auf denen »Prophezeiungen« stehen. Man stach mit einem Stab in den Rock, und das aufgefaltete Blatt enthielt dann den entsprechenden Spruch. Diese Puppen dienten vor allem in England im 19. Jahrhundert der Unterhaltung.

French fashion dolls
Elegant angezogene Puppen mit Biskuit-Schulterkopf, meistens mit Lederkörper. Berühmt waren die Puppen der französischen Firmen Jumeau und Bru. Heute nicht mehr gebräuchliche Bezeichnung.
→ *Fashion dolls*

Frozen Charlotte → *Charlotte*

Georgian wax-overs
Puppen, deren Kopf aus Komposition mit Wachs überzogen ist, mit großen, runden blauen Glasaugen. Georgian ist jedoch eine ungenaue Zeitbestimmung, da sie von 1715 bis 1830 reichen kann. → *Dating*

Gesland type
Puppen, bei denen der Körper aus einem Drahtgestell besteht, das mit weichem Material umwickelt und mit einem Trikotstoff überzogen wurde, Kopf und Gliedmaßen aus Biskuit. Gesland war ein Pariser Puppenhersteller und -händler, der auch Reparaturen ausführte.

Gesso
Kreidegrundierung, meist auf Holzkörper, um in diesem Material besser modellieren zu können.

Gibson girl
Bezeichnung eines Puppentyps der Firma Kestner seit etwa 1910 für »lady dolls« aus Biskuit. Angeblich basierend auf einem Portrait des Malers C.D. Gibson. → *Portrait dolls*

Googlies
Puppen mit unnatürlich großen runden Augen, manchmal durch einen Hebel bewegbar. → *Eyes*

Greiner dolls
Puppen des Deutschamerikaners Greiner, der in Philadelphia einen Betrieb eröffnete und 1858 das erste amerikanische Patent auf dem Gebiet der Puppenherstellung erwarb. Diese Puppen hatten Köpfe aus Papiermaché, das mit Stofflagen verstärkt war; die Augen waren meistens aufgemalt; sehr selten Glasaugen.

Grog finish
Granulierte Oberfläche aus Porzellankrümeln bei der Bekleidung der → *Snow babies*, die vor allem von den Gebrüdern Heubach hergestellt wurden.

Gusset, gusseted body
Puppen mit Körpern aus Leder oder Stoff, die durch Einsatzstücke eine größere Beweglichkeit erhielten. → *Crescent*

Hairstyles
Haarmoden
braids Zöpfe
curls Locken
loops Ringe
bustle hair leicht gelocktes Haar
ornate hair Frisur mit Band oder anderem Schmuck
side puffs seitlich aufgebauschtes Haar
Rembrandt lange Lockenfrisur mit Scheitel und Pony
catogans griechischer Knoten, hoher Knoten
tendrils locker fallende Locken
snood ein in das Haar gewundenes Band
Chignon Haar, das beutelartig im Nacken festgesteckt wird, oft zusätzlich mit Haarnetz → *Eugénie style*

Half-bisques
Puppen, die nur zum Teil aus Porzellan sind, meist Kopf und Körper bis zur Taille aus einem Stück, der Rest aus Stoff, oder auch Kopf, Arme und Beine aus Porzellan und Stoffkörper.

Hands
Hände
stub stumpfes Ende
with dimples mit Grübchen
palm lines indicated innere Handlinien angedeutet
jointed mit dem Arm durch Gelenk verbunden
scooped schaufelförmig

starfish oder webbed hands gespreizt (Kewpies)

Happifats
Kleine, einst billige, dickbauchige Biskuitpüppchen, die in Deutschland um 1915 auf den Markt kamen, um der Konkurrenz durch die → *Kewpies* zu begegnen. Sie sind bis auf die Arme, die mit Draht befestigt sind, aus einem Stück hergestellt. Es gab zwei Größen als Mädchen/Buben oder Babies.

Haviland
Bezeichnung für besonders feines Porzellan bei Puppenstubengeschirr. Geht auf die Manufaktur von Haviland in → *Limoges* zurück, der auch eine Niederlassung in den USA eröffnete.

Heads
Köpfe
shoulder head Schulterkopf, Kopf und Brustblatt aus einem Stück, nicht drehbar
socket head Kopf, der in einer Vertiefung auf dem Körper sitzt
swivel head Kopf, auf einem Zapfen drehbar
turned, set-over oder offset head zur Seite gedrehter feststehender Kopf
bald head, ball head Glatze oder auch Rundkopf
egghead eiförmiger Kopf
headcones Schädelverschlüsse der offenen Kronen

Immobiles
Steifgelenkige, kleine Puppen mit nur teilweise beweglichen Gliedern, meist ganz aus Biskuit. → *Happifats, Kewpies*

Japanned
Oberflächenbehandlung von Puppenstubenzubehör aus Metall mit einer Mischung aus Asphaltum (Teerprodukt und Lack), um japanische Lackarbeit vorzutäuschen.

Joints, jointed body
Verbindung der Gliedmaßen mit dem Körper oder Gelenke
mortise and tenon joints durch Dübel verbunden
ball joints durch Kugeln oder Halbkugeln verbunden
cup and saucer joints in eine Vertiefung eingepaßtes Gelenk
wrist joint Handgelenk
ankle joint Fußgelenk
shoulder joint Schultergelenk
peg joints Holzstiftgelenk
stiff jointed Arme und Beine aus einem Stück, aber am Körper beweglich angebracht
toddler leg joints flache Scheibengelenke

Kewpies
Von der Amerikanerin Rose O'Neill entworfene Puppen mit steifen gespreizten Händen, kleinen blauen Flügeln und anmodelliertem Haar; unter dem Fuß signiert

Kid-coiffures
Puppen mit besonders schöner gemalter Haartracht und Lederkörpern aus dem zweiten Viertel des 19. Jahrhunderts. → *Milliners*

Kid-leathers
Puppen mit Körpern aus Ziegenleder

Limoges
Bezeichnung für besonders feinkörnige Porzellanpuppen nach der gleichnamigen französischen Stadt, die noch heute Zentrum einer großen Porzellanfabrikation ist. Auch Marke eines französischen Puppenherstellers.

Lustre, luster
Glanz, der bei glasiertem Porzellan durch Zusatz von Kupfer, Silber oder Gold erzeugt wird. Lustre dolls fälschlich für Puppen, deren Schuhe, Haarband u.a. einen Goldglanz haben. Pink lustre doll dagegen meint eine Puppe mit zartrosa Tönung des Gesichts.

Marks
Puppenherstellermarken, Größenbezeichnungen oder Angabe des Herstellungslandes, die auf dem Körper oder auch auf der Verpackung angebracht wurden. In Deutschland wurde ab 1890 verlangt, daß das Herkunftsland genannt wurde. Allgemein sind derartige Markierungen sehr unzuverlässige Datierungshilfen, da die gleichen marks über lange Perioden beibehalten wurden.

Mask face
Nur Gesicht, meist aus Komposition, das auf einen vorfabrizierten Kopf aufgeklebt oder genäht ist.

Milliners
Bezeichnung für Puppen mit Köpfen aus Papiermaché des frühen 19. Jahrhunderts. Die Körper sind aus Leder oder Stoff, die Arme und Beine aus Holz. Die Bezeichnung geht auf »Milaner« zurück, allgemein für italienischen Handelsmann (D. Coleman). → *kid-coiffures*

Mold, auch *mould*
Gußform
moldseams Nähte an der Gußform
mastermold Meisterform
working mold Arbeitsform
molded teeth (tongue) Zähne (Zunge), die zusammen mit dem Kopf gegossen sind
molded yoke Dekolleté mit Schmuck oder Kragen

Motschmann type
Puppen aus Komposition mit Zwischenteilen aus Stoff, nach japanischem Vorbild, in Sonneberg/Thüringen ab 1850 von dem gleichnamigen Hersteller eingeführt. Früher auch Gelenktäuflinge genannt. → *Enigma*

Mouth
Mund
open mouth offener Mund
closed mouth geschlossener Mund
rosebud mouth zugespitzter Mund (wie eine Rosenknospe)
bee-sting mouth zugespitzter Mund (wie von einer Biene gestochen)
watermelon mouth halbmondförmiger, lächelnder Mund
two-toned mouth Mund mit zweierlei roter Farbe (meist französisch)
open-closed mouth auch half-open mouth außen offener und nach innen geschlossener Mund

Multi-faced dolls
Puppen mit mehreren Gesichtern, die durch Drehung eines Ringes oberhalb des Scheitels ausgetauscht werden können: Veränderung des Gesichtsausdrucks oder des Alters, aber auch etwa Großmutter und Wolf (Rotkäppchen).

Nailsea
Berühmte Glasmanufaktur in England, die für Puppenstubenglas zum Begriff wurde.

Nodders
Puppen oder Figuren, die mit dem Kopf nicken können, etwa wenn ihnen ein Geldstück eingeworfen wird, auch → *swayers genannt.*

Papier mâché
Mischung aus Stoff, Papier, Leim, Kreide und Kalk, kaum von Komposition zu unterscheiden. → *Composition*

Parian
Puppen, deren unglasierter Biskuitkopf aus besonders feinkörnigem weißem Material ist. Die Bezeichnung leitet sich von dem Marmor der Insel Paros ab, der besonders weiß und feinkörnig sein soll. Gilt nur für wenige Puppen mit besonders weißem glattem Gesicht, die nach 1850 hergestellt wurden.

Parisienne
Heute veralteter Begriff für einen französischen Modepuppentyp von 1870 bis 1880, auch lady doll oder French lady doll genannt. → *Fashion doll, French fashion doll*

Pedlar dolls
Hausiererpuppen, die vor allem in England hergestellt wurden. Sie tragen meist einen roten Umhang und einen Bauchladen mit Miniaturwaren aller Art.

Penny woodens
Billige Holzpuppen unterschiedlichster Größe und Qualität, die u.a. im Grödner Tal hergestellt wurden. → *Dutch dolls*

Piano babies
Beliebte Biskuit-Püppchen, meist aus einem Stück. Dienten oft als Dekoration auf dem Klavier, daher der Name.

Piano dolls
Püppchen, die auf dünnen Drahtbeinen oder Borsten stehen. Wenn Klavier gespielt wird, fangen sie an zu wackeln oder zu tanzen.

Porcelain dolls
In den USA wird dieser Begriff nur für Puppen verwendet, deren Kopf, eventuell auch Gliedmaßen aus hochglasiertem Porzellan bestehen. In England werden damit ganz allgemein Puppen mit Porzellanköpfen gemeint. → *China heads*

Portrait dolls
Puppen, die eine gewisse Ähnlichkeit mit einer berühmten Persönlichkeit aufweisen oder in Anlehnung an diese gemacht wurden, etwa nach Jenny Lind, → Kaiserin Eugénie oder Prinzessin Alexandra. Heute irreführend Bezeichnungen für bestimmte Typen. → *Adelaide, Gibson girl*

Pouty
Puppe mit bockig-beleidigtem Gesichtsausdruck, Anfang des 20. Jahrhunderts sehr beliebt, manchmal auch → *Characters* genannt.

Pumpkin head, auch *squash head*
Sogenannter Kürbiskopf um 1850, aus Kartonmasse mit Wachs überzogener Kopf, meist mit blondem lockigem Haar und dunklen pupillenlosen Augen. Der Kopf wurde in zwei Formen gegossen und zusammengeklebt. Früher Billigware.

Queen Anne
Der Name dieser englischen Königin (1702–1714) wird häufig als Sammelbegriff für Puppen aus der Zeit von 1700 bis 1780 oder fälschlich noch später benutzt, insbesondere für holzgeschnitzte Puppen mit gemalten ausdrucksvollen, strengen Gesichtszügen, eingefügter Nase, eingesetzten schwarzen Glasaugen ohne Pupille, oft mit einem Schönheitspflaster. → *Dating*

Rag dolls, auch *cloth dolls, stockinette dolls, blanket dolls*
Lumpenpuppen, die ganz aus Textilien hergestellt sind. Die Gesichtszüge sind entweder aufgemalt oder mit Garn aufgestickt.

Schoenhut dolls
Puppen von Albert Schoenhut, der mit 17 Jahren nach Amerika auswanderte und in Philadelphia einen Großbetrieb aufmachte. Berühmt sind seine hölzernen Zirkusfiguren und Puppen, die er in der Zeit von 1911 bis 1924 herstellte.

Sewing companion
Beliebtes Nähtischzubehör, oft in Form einer Puppe, die Nähutensilien bei sich trägt.

Shadow box
Kleiner, vitrinenartiger Kasten mit einer durchsichtigen Front, um etwas zur Schau zu stellen, oft eine ganze Puppenstube.

Shift
Weißes, sackartiges Hemdkleid, vor allem bei deutschen Puppen oft das einzige Bekleidungsstück, mit dem die Puppen vom Hersteller ausgestattet waren.

Shoes
Schuhe und sonstige Fußbekleidung
ankle boot, auch Adelaide boots Schuhe, die seitlich oder vorn geschnürt sind, ab 1820
laced boots Schnürschuhe
strapped boots Schuhe mit Riemen
bootees einfache, leichte Schuhe
strap-bootinees Spangenschuhe
slippers Pantoffeln
high boots Stiefel
shaped heel geformter Absatz

Shoulder heads
Puppen mit Kopf und Schulterstück in einem Stück, wird am Körper angenäht, aufgeklebt oder angebunden.
Shoulder plates Schulterplatten
drop shoulders abfallende Schultern (Schönheitsideal des Biedermeier)
channel shoulders Schulterteil mit einem »Kanal«, um die Verbindungsdrähte oder die Gummiverbindungen durchzuführen.

Simonne
Lady dolls, um 1870, des gleichnamigen Pariser Puppenhändlers → *Fashion dolls*

Snow babies
Ganzbiskuitfiguren und -puppen mit einem Anzug aus Porzellankrümeln, Kinder im Schnee darstellend; um 1900 beliebte Dekorationsstücke. Es gibt sie in verschiedenen Größen und Positionen, meist aus einem Stück, aber auch durch Draht verbundene Glieder.

Stone-bisques
Billige kleine Püppchen oder auch nur Köpfe auf Stoffkörpern aus grobkörniger, unglasierter Porzellanmasse.

Stringing loops
Spezielle Ösen im Porzellan, um das Einziehen der Gummiverbindungen zu erleichtern.

Swayers
Figuren oder Figurinen zu Dekorationszwecken, die seitlich hin- und herwakkeln. → *Nodders*

Teeth
Zähne
enamelled teeth emaillierte Zähne
china teeth Porzellanzähne
bamboo teeth Bambuszähne
moulded teeth zusammen mit dem Kopf geformte Zähne
separately fixed teeth separat eingesetzte Zähne
bone teeth Zähne aus Knochen
ivory teeth Zähne aus Elfenbein
straw teeth Zähne aus Strohhalmen

Théroude
Automatenpuppen des berühmten französischen Automatenbauers Alexandre Nicholas Théroude, um 1850; auch allgemein für Automatenpuppen.

Tin
Zinn. Die aus diesem Metall hergestellten Puppengegenstände werden auch pewter genannt. → *Britannia, Tole*

Toddler
Puppe, die ein etwa einjähriges Kind darstellt (im Unterschied zu infant oder baby), meist mit plumpen angewinkelten, manchmal auch mit geraden Beinen.

Tole, toleware
Bezeichnung – genaugenommen – nur für alte feinbemalte Zinnwaren aus Frankreich. Heute ganz allgemein für frühe dekorierte Zinn- und andere Metallwaren benutzt.

Tongue
Zunge
trembling, quivering tongue Zunge, die bei jeder Bewegung der Puppe zittert
retracting tongue Zunge, die beim Hinlegen einer Puppe zurückfällt

Turned woodens
Gedrechselte Holzpuppen → *Dutch dolls, Queen Anne*

Washers
Bei Puppen ist die Ledereinlage zwischen Kopf und Hals gemeint, die das Porzellan beim Drehen des Kopfes schützt.

Wax
Wachs. Bei Wachspuppen meistens nur

der Schulterkopf aus Wachs, selten auch die Gliedmaßen.
Poured wax in Form gegossene Wachsköpfe, ganz aus Wachs
wax-overs nur mit Wachs überzogene Köpfe, meist über Komposition, Holz oder Gips

Wigs
Perücken
mohair wigs Mohairperücken
human hair aus Menschenhaar
string Garn
fur Pelz, Fell
sheep skin Schafsfell
nailed on angenagelt
glued on angeleimt
Eton crop wig kurzgeschorene Perücke (nach der Haartracht der Schüler vom Eton College)
wigs over closed crown Perücke über geschlossener Kopfkrone
wigs over plate Perücke über gerundeter Kartonscheibe
wigs over cork Perücke über Kork (meist bei französischen Herstellern)
wigs over → *black spot* Perücke über schwarzem Punkt, der dafür angebracht wurde.

DEUTSCHES STICHWORTVERZEICHNIS

(Verwiesen wird jeweils auf die im Glossar genannten Oberbegriffe)

PUPPEN- UND PUPPENSTUBENMUSEEN
sowie Museen mit entsprechenden Spezialsammlungen: eine Auswahl

Bundesrepublik Deutschland

Deutschordensmuseum
Deutschordensschloß,
6990 Bad Mergentheim

Puppenkorb
Klinge 10, 7325 Boll

Heimatmuseum Obermühle
6333 Braunfels

Bremer Landesmuseum für Kunst- und Kulturgeschichte/Focke-Museum
Haus Riensberg,
Schwachhauser Heerstr. 240,
2800 Bremen

Dreieichmuseum
Fahrgasse 52,
6072 Dreieich (Dreieichenhain)

Stadtmuseum
Martin-Luther-Platz 9, 8520 Erlangen

Historisches Museum
Saalgasse 19 (am Römerberg),
6000 Frankfurt/Main

Puppenmuseum Antikhof
Hoher Weg 5, 3380 Goslar

Niederrheinisches Freilichtmuseum
Dorenberg
4155 Grefrath 1

Altonaer Museum
Museumstr. 23, 2000 Hamburg 50

Puppenmuseum Wilhelmsbad
Parkpromenade 4,
6450 Hanau (Wilhelmsbad)

Niederrheinisches Museum für Volkskunde und Kulturgeschichte
Hauptstr. 18, 4178 Kevelaer 1

St. Annen-Museum
St. Annen-Str. 15, 2400 Lübeck

Rheinisches Freilichtmuseum und Landesmuseum für Volkskunde
5353 Mechernich (Kommern)

Puppenmuseum
Kellereihof, Burg, 6120 Michelstadt

Münchner Stadtmuseum
St. Jakobsplatz 1, 8000 München 2

Trachtenpuppen-Museum
Hindenburgplatz
8632 Neustadt b. Coburg

Spielzeugmuseum der Stadt Nürnberg
Museum Lydia Bayer
Karlstr. 13, 8500 Nürnberg

Germanisches Nationalmuseum
Karthäusergasse 1, 8500 Nürnberg 11

Gemeindliches Heimatmuseum
Oberammergau
Dorfstr. 8, 8103 Oberammergau

Marionetten-Theater »Die Holzköppe«
Am Kumpen, 6497 Steinau

Kreismuseum in Tecklenburg,
Abt. Puppenmuseum
Legge, 4542 Tecklenburg

Schloßmuseum Thumsenreuth
8481 Thumsenreuth

Heimatmuseum Tübingen-Lustnau
Dorfstr. 70, 7400 Tübingen (Lustnau)

Heimatmuseum in der Stadt Überlingen
Krummebergstr. 30, 7770 Überlingen

Deutsche Demokratische Republik

Museen der Stadt Arnstadt
Schloßplatz 1, 521 Arnstadt

Museum Grünheinichen
Grünheinichen/Erzgebirge

Spielzeug Museum, Außenstelle
Schloß Bertholdsburg, Schleusingen

Heimatmuseum Schneeberg
Schneeberg/Erzgebirge

Heimat- und Spielzeugmuseum
Seiffen/Erzgebirge

Deutsches Spielzeug-Museum
Beethovenstr. 10, 64 Sonneberg

Frankreich

Musée Carnavalet
23, rue de Sévigné, Paris

Musée des Arts Décoratifs
10, rue de Rivoli, Paris

Großbritannien

Barry Elder Doll Museum
Carr House, Bretherton

Toy Museum, The Grange Museum
Rottingdean, Brighton

Dolls in Wonderland
King Street, Brighton

Museum of Childhood
38 High Street, Edinburgh EH I ITB

Bethnal Green Museum
Cambridge Heath Road, London E 2

Gunnersbury Park Museum
London W 3

London Museum
Kensington Palace, London W 8

Pollocks Toy Museum
1 Scala Street, London W 1

Victoria & Albert Museum
South Kensington, London SW 7

The Rotunda
Iffley Turn, Oxford

Österreich

Museum Carolino Augusteum,
Sammlung Folk
Bürger-Spitalgasse 2, 5020 Salzburg

Schweiz

Kirschgartenmuseum
Elisabethenstr. 27, 4000 Basel

Spielzeug- und Dorfmuseum im Wettsteinhaus
Baselstr. 34, 4000 Basel-Riehen

Historisches Museum
Schloß Oberhofen, 3000 Bern

Puppenmuseum Jeannine
Gasthaus Adler, 8594 Güttingen
an der Straße
Konstanz—Romanshorn

Historisches Museum
2000 Neuchatel

Heimatmuseum Oberhofen
3653 Oberhofen am Thunersee

Museum zu Allerheiligen
8200 Schaffhausen

Heimatmuseum Suhr
5034 Suhr

Wohnmuseum –
Puppenmuseum Sasha Morgenthaler
Bärengasse 20–22, 8000 Zürich

Schweizerisches Landesmuseum Zürich
Museumstraße, Zürich

INHALTSVERZEICHNIS

Die gerade gesetzten Zahlen verweisen auf die Seiten, auf denen das Bild zu finden ist.
Die kursiv gesetzten Zahlen geben die Seiten an, auf denen sich der dazugehörige Text befindet.